Lh 3
263

GOUVERNEMENT DE PARIS.
1.re DIVISION MILITAIRE.
ÉTAT-MAJOR GÉNÉRAL.

Au quartier général, à Paris, le 1.er Germinal an 13 [22 Mars 1805].

SERVICE DE L'ÉTAT-MAJOR GÉNÉRAL.

Du 1.er au 2 Germinal.

Le Capitaine Adjoint de service à l'État-major général................ AUCLER.
Officier de santé de service à l'État-major......................... DANTREVILLE.
Secrétaire de service à l'État-major............................... PLANTIER.

Du 2 au 3 Germinal.

Le Capitaine Adjoint de service à l'État-major général................ FORGEOT.
Officier de santé de service à l'État-major......................... POISSON.
Secrétaire de service à l'État-major............................... DESMOULINS.

Rien de nouveau.

Le Général de Brigade Chef de l'État-major général du Gouvernement de Paris et de la première Division militaire,

CÉSAR BERTHIER.

GOUVERNEMENT DE PARIS.
1.re DIVISION MILITAIRE.
ÉTAT-MAJOR GÉNÉRAL.

Au quartier général, à Paris, le 2 Germinal an 13 [23 Mars 1805].

SERVICE DE L'ÉTAT-MAJOR GÉNÉRAL.

Du 2 au 3 Germinal.

Le Capitaine Adjoint de service à l'État-major général.................. FORGEOT.
Officier de santé de service à l'État-major........................ POISSON.
Secrétaire de service à l'État-major................................ DESMOULINS.

Du 3 au 4 Germinal.

Le Capitaine Adjoint de service à l'État-major général.................. DELORME.
Officier de santé de service à l'État-major........................ DANTREVILLE.
Secrétaire de service à l'État-major................................ DUBOIS.

Rien de nouveau.

Le Général de Brigade Chef de l'État-major général du Gouvernement de Paris et de la première Division militaire,

CÉSAR BERTHIER.

GOUVERNEMENT DE PARIS.
DIVISION MILITAIRE.
ÉTAT-MAJOR GÉNÉRAL.

Au quartier général, à Paris, le 2 Germinal an 3 [23 Mars 1795].

SERVICE DE L'ÉTAT-MAJOR GÉNÉRAL.

Du 2 au 3 Germinal.

Le Capitaine Adjoint de service à l'État-major général............ Porcher.
Officier chargé des rapports à l'État-major............ Poisson.
Inspecteur de service à l'État-major............ Desrousins.

Du 3 au 4 Germinal.

Capitaine Adjoint de service à l'État-major général............ Bertrand.
Officier chargé des rapports à l'État-major............ Duquesnel.
Inspecteur de service à l'État-major............ Dubois.

Plus des ordres,

Le Commandant-général de la Force armée près le Gouvernement de Paris,

Signé, MATHIEU.

GOUVERNEMENT DE PARIS.
1.re DIVISION MILITAIRE.
ÉTAT-MAJOR GÉNÉRAL.

Au quartier général, à Paris, le 3 Germinal an 13 [24 Mars 1805].

SERVICE DE L'ÉTAT-MAJOR GÉNÉRAL.

Du 3 au 4 Germinal.

Le Capitaine Adjoint de service à l'État-major général................	DELORME.
Officier de santé de service à l'État-major.......................	DANTREVILLE.
Secrétaire de service à l'État-major.............................	DUBOIS.

Du 4 au 5 Germinal.

Le Capitaine Adjoint de service à l'État-major général................	GALDEMAR.
Officier de santé de service à l'État-major.......................	POISSON.
Secrétaire de service à l'État-major.............................	CORBET.

ORDRE GÉNÉRAL.

M. le Général divisionnaire *Dumuy* est nommé Commandant supérieur des Subdivisions de l'Oise et de Seine-et-Oise. En conséquence, MM. les Généraux *Lucotte*, commandant la 1.re de ces Subdivisions, et *Charlot* commandant la seconde, correspondront directement avec M. le Général *Dumuy*, pour tout ce qui aura rapport à leur commandement respectif.

Le Chef de l'État-major général adressera tout ce qui sera relatif à ces deux Subdivisions à M. le Général *Dumuy*, qui correspondra avec lui.

Le Prince grand Amiral de l'Empire, Gouverneur de Paris,

Signé MURAT.

Pour copie :

Le Général de Brigade Chef de l'Etat-major général du Gouvernement de Paris et de la première Division militaire,

CÉSAR BERTHIER.

GOUVERNEMENT DE PARIS.
1.re *DIVISION MILITAIRE.*
ÉTAT-MAJOR GÉNÉRAL.

Au quartier général, à Paris, le 4 Germinal an 13 [25 Mars 1805].

SERVICE DE L'ÉTAT-MAJOR GÉNÉRAL.

Du 4 au 5 Germinal.

Le Capitaine Adjoint de service à l'État-major général................	GALDEMAR.
Officier de santé de service à l'État-major......................	POISSON.
Secrétaire de service à l'État-major............................	CORBET.

Du 5 au 6 Germinal.

Le Capitaine Adjoint de service à l'État-major général................	AUGIAS.
Officier de santé de service à l'État-major......................	DANTREVILLE.
Secrétaire de service à l'État-major............................	LECLERC.

Pour copie :

Le Général de Brigade Chef de l'État-major général du Gouvernement de Paris et de la première Division militaire,

CÉSAR BERTHIER.

GOUVERNEMENT DE PARIS.
1.re *DIVISION MILITAIRE.*
ÉTAT-MAJOR GÉNÉRAL.

Au quartier général, à Paris, le 5 Germinal an 13 [26 Mars 1805].

SERVICE DE L'ÉTAT-MAJOR GÉNÉRAL.

Du 5 au 6 Germinal.

Le Capitaine Adjoint de service à l'Etat-major général................	AUGIAS.
Officier de santé de service à l'État-major.......................	DANTREVILLE.
Secrétaire de service à l'État-major.............................	LECLERC.

Du 6 au 7 Germinal.

Le Capitaine Adjoint de service à l'État-major général................	WATHIEZ.
Officier de santé de service à l'État-major.......................	POISSON.
Secrétaire de service à l'État-major.............................	LAMOUREUX.

Rien de nouveau.

Le Général de Brigade Chef de l'État-major général du Gouvernement de Paris et de la première Division militaire,

CÉSAR BERTHIER.

GOUVERNEMENT DE PARIS.

1.re DIVISION MILITAIRE.
ÉTAT-MAJOR GÉNÉRAL.

Au quartier général, à Paris, le 6 Germinal an 13 [27 Mars 1805].

SERVICE DE L'ÉTAT-MAJOR GÉNÉRAL.

Du 6 au 7 Germinal.

Le Capitaine Adjoint de service à l'État-major général................	WATHIEZ.
Officier de santé de service à l'État-major.........................	POISSON.
Secrétaire de service à l'État-major................................	LAMOUREUX.

Du 7 au 8 Germinal.

Le Capitaine Adjoint de service à l'État-major général................	GUIARDELLE.
Officier de santé de service à l'État-major.........................	DANTREVILLE.
Secrétaire de service à l'État-major................................	DUBOIS.

ORDRE GÉNÉRAL.

Messieurs les Chefs des corps de la garnison de Paris sont invités à faire faire, par leur Chirurgien-major, la visite des militaires qu'ils jugent susceptibles d'aller aux eaux. Ils adresseront au Commissaire des guerres *Rolland,* au Val-de-Grace, la liste de ces militaires, en ayant soin de bien indiquer leurs noms, prénoms, bataillon ou escadron et compagnie. Lorsque S. E. le Ministre-Directeur de l'administration de la guerre aura déterminé l'époque à laquelle ces militaires devront partir, le jour de la nouvelle visite des Officiers de santé de l'Hôpital du Val-de-Grace sera indiqué.

Le Général de Brigade Chef de l'État-major général du Gouvernement de Paris et de la première Division militaire,

CÉSAR BERTHIER.

GOUVERNEMENT DE PARIS.
1re DIVISION MILITAIRE.
ÉTAT-MAJOR GÉNÉRAL.

(Ordre donné à Paris, le 22 Germinal an 12.) [12 Mars 1804.]

SERVICE DE L'ÉTAT-MAJOR GÉNÉRAL.

Du 6 mai 7 Germinal.

Officiers de .... Martin,
Officiers chargés à l'ordre (...) .... Ignace,
De visite à l'état-major .... Lekerberg.

Du 7 au 8 Germinal.

De Service .... Bonamour,
Officiers chargé à l'ordre .... Duchâteau,
De visite à l'état-major .... Dupont.

ORDRE GÉNÉRAL.

Messieurs les Chefs des corps de la garnison de Paris sont invités à indiquer, par leur registre-ordre, le nom des petits as-aguits, jusqu'à l'équilibre de leur aya soient, Ils permettront aux Commandants des Gardes à pied et au Val-de-Grâce, le lieu de cantonnement et le bureau de l'État-major des Places attent prévenu, indiqueront également et compagnie. Lorsque S. M. l'Empereur-protecteur de l'administration de la guerre sera arrivé... regardes, à l'egard des militaires descendu-partis, le jour de la nouvelle velle(?), Officiers... porte de l'Hôpital du Val-de-Grâce sera indiqué.

Le Général de brigade, Chef de l'État-major général du Gouvernement de Paris et de l'honorable Ordre militaire,

CÉSAR BERTHIER.

GOUVERNEMENT DE PARIS.
1.re *DIVISION MILITAIRE.*
ETAT-MAJOR GÉNÉRAL.

Au quartier général, à Paris, le 7 Germinal an 13 [28 Mars 1805].

SERVICE DE L'ÉTAT-MAJOR GÉNÉRAL.

Du 7 au 8 Germinal.

Le Capitaine Adjoint de service à l'Etat-major général................ GUIARDELLE.
Officier de santé de service à l'Etat-major......................... DANTREVILLE.
Secrétaire de service à l'État-major................................ DUBOIS.

Du 8 au 9 Germinal.

Le Capitaine Adjoint de service à l'Etat-major général............... DELORME.
Officier de santé de service à l'État-major......................... POISSON.
Secrétaire de service à l'État-major................................ BRUNEL.

Rien de nouveau.

Le Général de Brigade Chef de l'Etat-major général du Gouvernement de Paris et de la première Division militaire,

CÉSAR BERTHIER.

GOUVERNEMENT DE PARIS.

1.re *DIVISION MILITAIRE.*
ÉTAT-MAJOR GÉNÉRAL.

Au quartier général, à Paris, le 8 Germinal an 13 [29 Mars 1805].

SERVICE DE L'ÉTAT-MAJOR GÉNÉRAL.

Du 8 au 9 Germinal.

Le Capitaine Adjoint de service à l'État-major général	AUCLER.
Officier de santé de service à l'État-major	POISSON.
Secrétaire de service à l'État-major	BRUNEL.

Du 9 au 10 Germinal.

Le Capitaine Adjoint de service à l'État-major général	DELORME.
Officier de santé de service à l'État-major	D'ANTREVILLE.
Secrétaire de service à l'État-major	PLANTIER.

Rien de nouveau.

Le Général de Brigade Chef de l'État-major général du Gouvernement de Paris et de la première Division militaire,

CÉSAR BERTHIER.

GOUVERNEMENT DE PARIS

4ᵉ DIVISION MILITAIRE

ÉTAT-MAJOR GÉNÉRAL

Au quartier général .... Ce .... Mai 1809.

SERVICE DE L'ÉTAT-MAJOR GÉNÉRAL.

Jour, an

Les Officiers Adjoints .... Auger.
Officier de santé .... Gordon.
Conseiller de service à l'État-major .... Brunel.

Demain au 27, Dimanche.

Les Capitaines Adjoints de service à l'État-major Général ...... Duborne.
Officier de santé de service à l'État-major .... Barthélemy.
Domestique de service à l'État-major .... Wanti.

Bien de nouveau.

Le Général de Brigade
et de l'Argent Chef d'État-Major,

SIGNÉ.

GOUVERNEMENT DE PARIS.
1.re *DIVISION MILITAIRE.*
ÉTAT-MAJOR GÉNÉRAL.

Au quartier général, à Paris, le 9 Germinal an 13 [30 Mars 1805].

SERVICE DE L'ÉTAT-MAJOR GÉNÉRAL.

Du 9 au 10 Germinal.

Le Capitaine Adjoint de service à l'État-major général	DELORME.
Officier de santé de service à l'État-major	DANTREVILLE.
Secrétaire de service à l'État-major	PLANTIER.

Du 10 au 11 Germinal.

Le Capitaine Adjoint de service à l'État-major général	AUCLER.
Officier de santé de service à l'État-major	POISSON.
Secrétaire de service à l'État-major	DESMOULINS.

Rien de nouveau.

Le Général de Brigade Chef de l'État-major général du Gouvernement de Paris et de la première Division militaire,

CÉSAR BERTHIER.

GOUVERNEMENT DE PARIS.
1re DIVISION MILITAIRE.
ÉTAT-MAJOR GÉNÉRAL.

Au quartier général, à Paris, le 9 Germinal, an 13 [30 Mars 1805].

SERVICE DE L'ÉTAT-MAJOR GÉNÉRAL.

Du 9 au 10 Germinal.

Le Capitaine Adjoint de service à l'État-major général............... Delorme.
Officier de santé de service à l'État-major........................... Lantaviller.
Secrétaire de service à l'État-major................................... Prautier.

Du 10 au 11 Germinal.

Le Capitaine Adjoint de service à l'État-major général............... Auclerc.
Officier de santé de service à l'État-major........................... Poisson.
Secrétaire de service à l'État-major................................... Desnoyers.

Rien de nouveau.

Le Général de brigade Chef de l'État-major général du Gouvernement de Paris et de la première Division militaire,

César BERTHIER.

GOUVERNEMENT DE PARIS.

1.re DIVISION MILITAIRE.

ÉTAT-MAJOR GÉNÉRAL.

Au quartier général, à Paris, le 10 Germinal an 13 [31 Mars 1805].

SERVICE DE L'ÉTAT-MAJOR GÉNÉRAL.

Du 10 au 11 Germinal.

Le Capitaine Adjoint de service à l'État-major général.................. AUCLER.
Officier de santé de service à l'État-major....................... POISSON.
Secrétaire de service à l'État-major............................ DESMOULINS.

Du 11 au 12 Germinal.

Le Capitaine Adjoint de service à l'État-major général.................. FORGEOT.
Officier de santé de service à l'État-major....................... DANTREVILLE.
Secrétaire de service à l'État-major............................ DESMOULINS.

S. A. S. Monseigneur le Prince MURAT, Grand-Amiral de l'Empire, et Maréchal Gouverneur de Paris, en conformité de l'instruction de Monsieur le Maréchal Ministre de la guerre, en date du 5 floréal an 9, fait connaître, par la voie de l'Ordre général, l'Ordonnance de perquisition rendue le 9 de ce mois par M. le Président du premier Conseil de guerre séant à Paris, contre un militaire contumax.

1.er CONSEIL DE GUERRE PERMANENT DE LA 1.re DIVISION MILITAIRE.

Ordonnance de perquisition.

Cejourd'hui samedi, neuvième jour du mois de germinal de l'an treize,

Nous, Jean-Baptiste *Duplessis*, Général divisionnaire, Chef du dixième régiment de Vétérans, Commandant de la Légion d'honneur, Président du premier Conseil de guerre permanent de la première Division militaire, lecture prise d'une lettre à la date de ce jour, par laquelle M. *Delon*, Substitut du Capitaine Rapporteur près le susdit Conseil, nous annonce que le nommé *Herteman*, traduit au Conseil sous le nom de *Martoment* (Jean), voltigeur à la quatorzième compagnie du quatrième régiment d'infanterie légère, prévenu de voies de fait graves envers son supérieur, et d'un vol envers un de ses camarades, et contumax, ne s'est pas présenté en justice dans les dix jours de la notification qui en a été faite à son domicile;

Ordonnons qu'en vertu de l'art. 462 du Code des délits et des peines du 3 brumaire an 4, perquisition soit faite de la personne du nommé *Herteman* (Jean), né à Anvers en janvier 1781, premier arrondissement du département des Deux-Nèthes, fils de Jean et de Catherine *Vertragon*, voltigeur à la 14.e compagnie du 4.e régiment d'infanterie légère.

MANDONS et ordonnons de mettre à exécution la présente, qui sera affichée et publiée à son de trompe ou de tambour, tant à la porte de l'auditoire du Conseil, qu'à celle du domicile du contumax.

Voulons en outre que copie d'icelle soit adressée de suite à S. A. S. M. le Prince MURAT, Grand-Amiral, Maréchal de l'Empire, Gouverneur de Paris, pour ladite être encore rendue publique par la voie de l'Ordre.

Chargeons, au reste, M. *Delon*, Substitut-Rapporteur, de faire exécuter la présente dans tout son contenu. Ainsi ordonné, à Paris, sous nos seing et scel, les jour, mois et an que dessus; *signé* DUPLESSIS.

Pour copie conforme : Le Capitaine-Substitut du Rapporteur du Conseil, E.d DELON.

Le Général de Brigade Chef de l'État-major général du Gouvernement de Paris et de la première Division militaire,

CÉSAR BERTHIER.

GOUVERNEMENT DE PARIS.
1.re DIVISION MILITAIRE.
ÉTAT-MAJOR GÉNÉRAL.

Au quartier général, à Paris, le 11 Germinal an 13 [1.er Avril 1805].

SERVICE DE L'ÉTAT-MAJOR GÉNÉRAL.

Du 11 au 12 Germinal.

Le Capitaine Adjoint de service à l'Etat-major général...............	FORGEOT.
Officier de santé de service à l'État-major........................	DANTREVILLE.
Secrétaire de service à l'État-major.............................	DESMOULINS.

Du 12 au 13 Germinal.

Le Capitaine Adjoint de service à l'Etat-major général...............	GALDEMAR.
Officier de santé de service à l'État-major........................	POISSON.
Secrétaire de service à l'État-major.............................	CORBET.

Rien de nouveau.

Le Général de Brigade Chef de l'État-major général du Gouvernement de Paris et de la première Division militaire,

CÉSAR BERTHIER.

GOUVERNEMENT DE PARIS.
1.ʳᵉ *DIVISION MILITAIRE.*
ÉTAT-MAJOR GÉNÉRAL.

Au quartier général, à Paris, le 12 Germinal an 13 [2 Avril 1805].

SERVICE DE L'ÉTAT-MAJOR GÉNÉRAL.

Du 12 au 13 Germinal.

Le Capitaine Adjoint de service à l'Etat-major général	GALDEMAR.
Officier de santé de service à l'État-major	POISSON.
Secrétaire de service à l'État-major	CORBET.

Du 13 au 14 Germinal.

Le Capitaine Adjoint de service à l'Etat-major général	AUGIAS.
Officier de santé de service à l'État-major	DANTREVILLE.
Secrétaire de service à l'État-major	LECLERC.

Rien de nouveau.

Le Général de Brigade Chef de l'État-major général du Gouvernement de Paris et de la première Division militaire,

CÉSAR BERTHIER.

GOUVERNEMENT DE PARIS.

1.re DIVISION MILITAIRE.
ÉTAT-MAJOR GÉNÉRAL.

Au quartier général, à Paris, le 13 Germinal an 13 [3 Avril 1805].

SERVICE DE L'ÉTAT-MAJOR GÉNÉRAL.

Du 13 au 14 Germinal.

Le Capitaine Adjoint de service à l'Etat-major général.............	AUGIAS.
Officier de santé de service à l'État-major......................	DANTREVILLE.
Secrétaire de service à l'État-major...........................	LECLERC.

Du 14 au 15 Germinal.

Le Capitaine Adjoint de service à l'Etat-major général.............	WATHIEZ.
Officier de santé de service à l'État-major......................	POISSON.
Secrétaire de service à l'État-major...........................	LAMOUREUX.

Rien de nouveau.

Le Général de Brigade Chef de l'Etat-major général du Gouvernement de Paris et de la première Division militaire,

CÉSAR BERTHIER.

GOUVERNEMENT DE PARIS.
1.re DIVISION MILITAIRE.
ÉTAT-MAJOR GÉNÉRAL.

Au quartier général, à Paris, le 14 Germinal an 13 [4 Avril 1805].

SERVICE DE L'ÉTAT-MAJOR GÉNÉRAL.

Du 14 au 15 Germinal.

Le Capitaine Adjoint de service à l'Etat-major général................. WATHIEZ.
Officier de santé de service à l'État-major............................ POISSON.
Secrétaire de service à l'État-major.................................. DUBOIS.

Du 15 au 16 Germinal.

Le Capitaine Adjoint de service à l'Etat-major général................. GUIARDELLE.
Officier de santé de service à l'État-major............................ DANTREVILLE.
Secrétaire de service à l'État-major.................................. LAMOUREUX.

Rien de nouveau.

Le Général de Brigade Chef de l'État-major général du Gouvernement de Paris et de la première Division militaire,

CÉSAR BERTHIER.

GOUVERNEMENT DE PARIS.

1.re *DIVISION MILITAIRE.*
ÉTAT-MAJOR GÉNÉRAL.

Au quartier général, à Paris, le 15 Germinal an 13 [5 Avril 1805].

SERVICE DE L'ÉTAT-MAJOR GÉNÉRAL.

Du 15 au 16 Germinal.

Le Capitaine Adjoint de service à l'Etat-major général...............	GUIARDELLE.
Officier de santé de service à l'État-major........................	DANTREVILLE.
Secrétaire de service à l'État-major.............................	LAMOUREUX.

Du 16 au 17 Germinal.

Le Capitaine Adjoint de service à l'Etat-major général...............	DELORME.
Officier de santé de service à l'État-major........................	POISSON.
Secrétaire de service à l'État-major.............................	BRUNEL.

ORDRE GÉNÉRAL.

Nouvelle répartition du service entre Messieurs les Commissaires des Guerres employés à Paris.

MESSIEURS.		DOMICILES.
LEFEBVRE-MONTASON.	L'État-Major.. Le Casernement... La Police des Troupes................................... La Gendarmerie..	A l'État-major, rue des Capucines.
FRADIEL............	Les fonctions de Commissaire impérial près le Conseil de révision. Les Routes.. Les Convois militaires................................... La Police de la Caserne *Rousselet*.........................	Rue S.-Dominique, maison S.-Joseph.
LE PELLETIER.......	La Solde de retraite et Traitement de réforme.............. Les Vivres et Fourrages................................. L'Habillement et les Transports de l'intérieur..............	*Idem.*
ROLLAND..........	Les Hôpitaux { du Val-de-Grâce............ { de Saint-Denis............ Le Magasin général { des Hôpitaux............... { de Pharmacie..............	Au Val-de-Grâce.
FORNIER..........	Les Transports directs.................................. Les Conseils de guerre.................................. Maisons d'arrêt de { l'Abbaye................ { Montaigu............... L'Artillerie..	Rue de Grammont, n.° 547.

Nota. Le Commissaire des Guerres *Fornier* prendra les services qui le concernent, à dater du 15 de ce mois.

Certifié conforme aux ordres de S. E. le Ministre-Directeur de l'Administration de la Guerre, et à l'état transmis par M. le Commissaire-Ordonnateur,

Le Général de Brigade Chef de l'État-major général du Gouvernement de Paris et de la première Division militaire,

CÉSAR BERTHIER.

GOUVERNEMENT DE PARIS.

1.re DIVISION MILITAIRE.

ÉTAT-MAJOR GÉNÉRAL.

Au quartier général, à Paris, le 16 Germinal an 13 [6 Avril 1805].

SERVICE DE L'ÉTAT-MAJOR GÉNÉRAL.

Du 16 au 17 Germinal.

Le Capitaine Adjoint de service à l'Etat-major général................. DELORME.
Officier de santé de service à l'État-major......................... POISSON.
Secrétaire de service à l'État-major................................ BRUNEL.

Du 17 au 18 Germinal.

Le Capitaine Adjoint de service à l'Etat-major général................. FORGEOT.
Officier de santé de service à l'État-major......................... DANTREVILLE.
Secrétaire de service à l'État-major................................ LAMOUREUX.

ORDRE GÉNÉRAL.

S. E. le Directeur-Ministre de l'Administration de la guerre ayant décidé que les militaires destinés à aller aux eaux de Bourbonne-les-Bains, s'y rendraient en deux parties égales; la première partira le 1.er floréal, et la seconde dans le courant de messidor prochain.

La première partie devra se composer de militaires auxquels les eaux sont d'un besoin urgent, et qui devront y arriver dans le courant de floréal. La seconde comprendra ceux qui peuvent, sans danger, attendre jusqu'au 1.er thermidor; ils iront remplacer les premiers à cette même époque.

Les Chefs de corps sont invités à se conformer à cette disposition, à l'égard des militaires qui se trouvent dans le cas d'aller aux eaux cette année.

S. M. l'Empereur et Roi ayant décidé que M. le Général de brigade *Graindorge* serait employé dans son grade, dans la première division militaire, S. A. S. Mgr le Prince, Grand-Amiral de l'Empire, Gouverneur de Paris, a confié à ce Général le commandement de la subdivision d'Eure-et-Loir. Les Officiers généraux d'Etat-major, ceux de l'artillerie et du génie, les Inspecteurs et Sous-inspecteurs aux revues, les Commissaires ordonnateurs et ordinaires des guerres, les Commandans des corps, et tous ceux qu'il appartiendra, devront, en conséquence, reconnaître et faire reconnaître, par ceux étant à leurs ordres, M. le Général *Graindorge*, en ladite qualité.

Le Général de Brigade Chef de l'État-major général du Gouvernement de Paris et de la première Division militaire,

CÉSAR BERTHIER.

GOUVERNEMENT DE PARIS.

1.re DIVISION MILITAIRE.

ÉTAT-MAJOR GÉNÉRAL.

Au quartier général, à Paris, le 17 Germinal an 13 [7 Avril 1805].

SERVICE DE L'ÉTAT-MAJOR GÉNÉRAL.

Du 17 au 18 Germinal.

Le Capitaine Adjoint de service à l'Etat-major général................. FORGEOT.
Officier de santé de service à l'État-major....................... DANTREVILLE.
Secrétaire de service à l'État-major............................ LAMOUREUX.

Du 18 au 19 Germinal.

Le Capitaine Adjoint de service à l'Etat-major général................. AUCLER.
Officier de santé de service à l'État-major....................... POISSON.
Secrétaire de service à l'État-major............................ PLANTIER.

Rien de nouveau.

Le Général de Brigade Chef de l'État-major général du Gouvernement de Paris et de la première Division militaire,

CÉSAR BERTHIER.

GOUVERNEMENT DE PARIS.

1.re DIVISION MILITAIRE.

ÉTAT-MAJOR GÉNÉRAL.

Au quartier général, à Paris, le 18 Germinal an 13 [8 Avril 1805].

SERVICE DE L'ÉTAT-MAJOR GÉNÉRAL.

Du 18 au 19 Germinal.

Le Capitaine Adjoint de service à l'Etat-major général...............	AUCLER.
Officier de santé de service à l'État-major.........................	POISSON.
Secrétaire de service à l'État-major...............................	PLANTIER.

Du 19 au 20 Germinal.

Le Capitaine Adjoint de service à l'Etat-major général...............	FORGEOT.
Officier de santé de service à l'État-major.........................	DANTREVILLE.
Secrétaire de service à l'État-major...............................	DESMOULINS.

Rien de nouveau.

Le Général de Brigade Chef de l'État-major général du Gouvernement de Paris et de la première Division militaire,

CÉSAR BERTHIER.

GOUVERNEMENT DE PARIS.
1.re *DIVISION MILITAIRE.*
ÉTAT-MAJOR GÉNÉRAL.

Au quartier général, à Paris, le 19 Germinal an 13 [9 Avril 1805].

SERVICE DE L'ÉTAT-MAJOR GÉNÉRAL.

Du 19 au 20 Germinal.

Le Capitaine Adjoint de service à l'Etat-major général..................	FORGEOT.
Officier de santé de service à l'État-major...........................	DANTREVILLE.
Secrétaire de service à l'État-major.................................	DESMOULINS.

Du 20 au 21 Germinal.

Le Capitaine Adjoint de service à l'Etat-major général..................	GALDEMAR.
Officier de santé de service à l'État-major...........................	POISSON.
Secrétaire de service à l'État-major.................................	CORBET.

EXTRAITS des Jugemens rendus par le 2.e Conseil de guerre de la 1.re Division militaire, pendant le mois de Ventôse an 13.

NUMÉROS DES JUGEMENS.	DATES.	NOMS ET PRÉNOMS des INDIVIDUS JUGÉS.	QUALITÉ MILITAIRE ou PROFESSION.	LIEUX de NAISSANCE.	ANALYSE DES JUGEMENS.	
819.	11.	Dannery (Joseph)......	Tambour au 2.e régiment de la garde de Paris.	Magny, départ. de Seine-et-Oise.		Condamnés à un an de prison, à dater du jour du présent jugement; et à l'expiration de cette peine, mis à la disposition de l'Etat-major général, pour être employés selon le bien du service.
Idem.	Idem.	Giot (Pierre).........	Idem.........	Paris, départ. de la Seine.	Convaincus de vol envers un particulier.	
Idem.	Idem.	Giot (Nicolas-Marie)...	Idem.........	Idem.........		
820.	Idem.	Jorquet (Philippe).....	Fusilier au 2.e régim. de la garde de Paris.	Paris, départ. de la Seine.	Convaincus de vol dans une boutique de marchand mercier.	Condamné à deux ans de prison, à dater du jour du présent jugement; et à l'expiration de cette peine, mis à la disposition de l'Etat-major général, pour être employé selon le bien du service.
821.	25.	Monnereaux (Jean).....	Fusilier au 30.e régim. de ligne.	Chilliac, départ. de la Charente.	Prévenu de faux.......	Renvoyé avec toutes les pièces de la procédure devant la Cour criminelle et spéciale du département de la Charente.
822.	Idem.	Role (Jean)...........	Vétéran au 10.e régiment.	Paris, départ. de la Seine.	Convaincu d'avoir insulté et menacé son caporal de propos et de gestes.	Condamné à cinq années de fers, et à la dégradation militaire.
Idem.	Idem.	Bouy (Edme).........	Idem.........	Bar-sur-Seine, départ. de l'Aube.	Prévenu d'injures envers ses supérieurs.	Acquitté de l'accusation dirigée contre lui; mais attendu qu'il est la cause première du désordre qui a eu lieu, et que par son imprudence la tranquillité a été troublée dans la compagnie, condamné, par forme de discipline militaire, à garder prison pendant trois mois, à dater du jour du présent jugement; et à l'expiration de cette peine, renvoyé à son corps pour y continuer son service.

Total des jugemens rendus par le 2.e Conseil de guerre pendant le mois de Ventôse an 13, ci... 4.

Total des individus jugés pendant le même mois par ce Conseil, ci...... { présens 7. contumax 0. } 7.

Pour extraits conformes aux expéditions desdits jugemens :

Le Général de Brigade Chef de l'Etat-major général du Gouvernement de Paris et de la première Division militaire,

CÉSAR BERTHIER.

GOUVERNEMENT DE PARIS.

1.re *DIVISION MILITAIRE.*

ÉTAT-MAJOR GÉNÉRAL.

Au quartier général, à Paris, le 20 Germinal an 13 [10 Avril 1805].

SERVICE DE L'ÉTAT-MAJOR GÉNÉRAL.

Du 20 au 21 Germinal.

Le Capitaine Adjoint de service à l'État-major général..................	GALDEMAR.
Officier de santé de service à l'État-major........................	POISSON.
Secrétaire de service à l'État-major................................	CORBET.

Du 21 au 22 Germinal.

Le Capitaine Adjoint de service à l'État-major général..................	BOTTEX.
Officier de santé de service à l'État-major........................	DANTREVILLE.
Secrétaire de service à l'État-major................................	LECLERC.

ORDRE GÉNÉRAL.

LE Général Chef de l'État-major général est instruit que la plupart des Militaires de la garnison entrent aux hôpitaux sans avoir fait signer leur billet par le Commissaire des guerres ayant la police des Troupes, ce qui entraîne des abus majeurs ; il prévient, en conséquence, MM. les Colonels, qu'aucun Militaire ne sera reçu sans la signature du Commissaire des guerres, ou, par urgence, le *visa* du Colonel ou d'un Officier de l'État-major.

Le Général de Brigade Chef de l'État-major général du Gouvernement de Paris et de la première Division militaire,

CÉSAR BERTHIER.

GOUVERNEMENT DE PARIS.

1.re DIVISION MILITAIRE.

ÉTAT-MAJOR GÉNÉRAL.

Au quartier général, à Paris, le 21 Germinal an 13 [11 Avril 1805].

SERVICE DE L'ÉTAT-MAJOR GÉNÉRAL.

Du 21 au 22 Germinal.

Le Capitaine Adjoint de service à l'Etat-major général..............	BOTTEX.
Officier de santé de service à l'État-major......................	DANTREVILLE.
Secrétaire de service à l'État-major............................	LECLERC.

Du 22 au 23 Germinal.

Le Capitaine Adjoint de service à l'Etat-major général..............	AUGIAS.
Officier de santé de service à l'État-major......................	POISSON.
Secrétaire de service à l'État-major............................	LAMOUREUX.

Rien de nouveau.

Le Général de Brigade Chef de l'État-major général du Gouvernement de Paris et de la première Division militaire,

CÉSAR BERTHIER.

(quartier général à Paris, le Complément (21 Août 1901).

ORDRE GÉNÉRAL N° 241.

Du 21 au 22 Septembre.

Le Capitaine Chef de service à l'État-major général .... Boitex.
Officier de police de service à l'État-major .... Djenneville.
Secrétaire de service à l'État-major .... Lacberg.

Du 22 au 23 Septembre.

Le Capitaine Chef de service à l'État-major général .... Dupont.
Officier de service à l'État-major .... Poisson.
Secrétaire de service à l'État-major .... Badoureux.

Rien de nouveau.

Le Colonel commandant par intérim le Corps des Sapeurs-Pompiers de Paris, pendant l'absence du Général,

THIER.

GOUVERNEMENT DE PARIS.

1.re DIVISION MILITAIRE.

ÉTAT-MAJOR GÉNÉRAL.

Au quartier général, à Paris, le 22 Germinal an 13 [12 Avril 1805].

SERVICE DE L'ÉTAT-MAJOR GÉNÉRAL.

Du 22 au 23 Germinal.

Le Capitaine Adjoint de service à l'Etat-major général.................. AUGIAS.
Officier de santé de service à l'État-major............................. POISSON.
Secrétaire de service à l'État-major................................... LAMOUREUX.

Du 23 au 24 Germinal.

Le Capitaine Adjoint de service à l'Etat-major général.................. WATHIEZ.
Officier de santé de service à l'État-major............................. DANTREVILLE.
Secrétaire de service à l'État-major................................... DUBOIS.

Rien de nouveau.

Le Général de Brigade Chef de l'État-major général du Gouvernement de Paris et de la première Division militaire,

CÉSAR BERTHIER.

GOUVERNEMENT DE PARIS

DIVISION MILITAIRE

ÉTAT-MAJOR GÉNÉRAL

[Paris, le 2 Germinal an 11 (23 Avril 1803).]

ÉTAT-MAJOR GÉNÉRAL DE LA 1ère DIVISION.

Place de Paris au 29 Ventôse.

Adjudant de place de service de la quinzaine	ANGIER
Adjoint de service à l'État-major	VERSON
Officier de service à l'État-major	LAMOUREUX

Place de Paris au 24 Germinal.

Adjudant de place de service de la quinzaine	VATHIEZ
Officier de service de jour à l'État-major	DARTAYVILLE
Officier de service à l'État-major	DUBOIS

Mouvements généraux...

Le Général de Division Chef de l'État-major général du Gouvernement de Paris et de la première Division militaire,

CÉSAR BERTHIER.

GOUVERNEMENT DE PARIS.

1.ʳᵉ *DIVISION MILITAIRE.*
ÉTAT-MAJOR GÉNÉRAL.

Au quartier général, à Paris, le 23 Germinal an 13 [13 Avril 1805].

SERVICE DE L'ÉTAT-MAJOR GÉNÉRAL.

Du 23 au 24 Germinal.

Le Capitaine Adjoint de service à l'Etat-major général................	FORGEOT.
Officier de santé de service à l'État-major........................	DANTREVILLE.
Secrétaire de service à l'État-major.............................	DUBOIS.

Du 24 au 25 Germinal.

Le Capitaine Adjoint de service à l'Etat-major général................	GUIARDELLE.
Officier de santé de service à l'État-major........................	POISSON.
Secrétaire de service à l'État-major.............................	BRUNEL.

Rien de nouveau.

Le Général de Brigade Chef de l'État-major général du Gouvernement de Paris et de la première Division militaire,

CÉSAR BERTHIER.

GOUVERNEMENT DE PARIS.
1re DIVISION MILITAIRE.
ÉTAT-MAJOR GÉNÉRAL.

Au quartier général, à Paris, le 23 Germinal an 13 [13 Avril 1805.]

SERVICE DE L'ÉTAT-MAJOR GÉNÉRAL.

Du 23 au 24 Germinal.

Le Capitaine Adjoint de service à l'État-major général. . . . . LOBOST.
Officier de santé de service à l'État-major. . . . . BEAUSEVILLE.
Secrétaire de service à l'État-major. . . . . DUBOIS.

Du 24 au 25 Germinal.

Le Capitaine Adjoint de service à l'État-major général. . . . . GUIRANDELLE.
Officier de santé de service à l'État-major. . . . . POISSON.
Secrétaire de service à l'État-major. . . . . HAUSER.

Rien de nouveau.

Le Général de Brigade Chef de l'État-major général du Gouvernement de Paris et de la première Division militaire,

Signé, HUTHIER.

GOUVERNEMENT DE PARIS.

1.re DIVISION MILITAIRE.
ÉTAT-MAJOR GÉNÉRAL.

Au quartier général, à Paris, le 24 Germinal an 13 [14 Avril 1805].

SERVICE DE L'ÉTAT-MAJOR GÉNÉRAL.

Du 24 au 25 Germinal.

Le Capitaine Adjoint de service à l'Etat-major général........	GUIARDELLE.
Officier de santé de service à l'État-major..................	POISSON.
Secrétaire de service à l'État-major.......................	BRUNEL.

Du 25 au 26 Germinal.

Le Capitaine Adjoint de service à l'Etat-major général........	DELORME.
Officier de santé de service à l'État-major..................	DANTREVILLE.
Secrétaire de service à l'État-major.......................	BRUNEL.

Rien de nouveau.

Le Général de Brigade Chef de l'État-major général du Gouvernement de Paris et de la première Division militaire,

CÉSAR BERTHIER.

GOUVERNEMENT DE PARIS.

1.re DIVISION MILITAIRE.

ETAT-MAJOR GÉNÉRAL.

Au quartier général, à Paris, le 25 Germinal an 13 [15 Avril 1805].

SERVICE DE L'ÉTAT-MAJOR GÉNÉRAL.

Du 25 au 26 Germinal.

Le Capitaine Adjoint de service à l'Etat-major général................	DELORME.
Officier de santé de service à l'État-major......................	DANTREVILLE.
Secrétaire de service à l'État-major............................	BRUNEL.

Du 26 au 27 Germinal.

Le Capitaine Adjoint de service à l'Etat-major général................	AUCLER.
Officier de santé de service à l'État-major......................	POISSON.
Secrétaire de service à l'État-major............................	PLANTIER.

Rien de nouveau.

Le Général de Brigade Chef de l'État-major général du Gouvernement de Paris et de la première Division militaire,

CÉSAR BERTHIER.

GOUVERNEMENT DE PARIS.

1.re *DIVISION MILITAIRE.*
ÉTAT-MAJOR GÉNÉRAL.

Au quartier général, à Paris, le 26 Germinal an 13 [16 Avril 1805].

SERVICE DE L'ÉTAT-MAJOR GÉNÉRAL.

Du 26 au 27 Germinal.

Le Capitaine Adjoint de service à l'Etat-major général	DELORME.
Officier de santé de service à l'État-major	DANTREVILLE.
Secrétaire de service à l'État-major	BRUNEL.

Du 27 au 28 Germinal.

Le Capitaine Adjoint de service à l'Etat-major général	FORGEOT.
Officier de santé de service à l'État-major	POISSON.
Secrétaire de service à l'État-major	DESMOULINS.

Rien de nouveau.

Le Général de Brigade Chef de l'État-major général du Gouvernement de Paris et de la première Division militaire,

CÉSAR BERTHIER.

GOUVERNEMENT DE PARIS.

1.re DIVISION MILITAIRE.

ÉTAT-MAJOR GÉNÉRAL.

Au quartier général, à Paris, le 27 Germinal an 13 [17 Avril 1805].

SERVICE DE L'ÉTAT-MAJOR GÉNÉRAL.

Du 27 au 28 Germinal.

Le Capitaine Adjoint de service à l'Etat-major général..............	FORGEOT.
Officier de santé de service à l'État-major......................	POISSON.
Secrétaire de service à l'État-major.............................	DESMOULINS.

Du 28 au 29 Germinal.

Le Capitaine Adjoint de service à l'Etat-major général..............	GALDEMAR.
Officier de santé de service à l'État-major......................	DANTREVILLE.
Secrétaire de service à l'État-major.............................	CORBET.

ORDRE GÉNÉRAL.

Les Militaires destinés à aller aux eaux de Bourbonne-les-Bains, partiront le 1.er floréal; ils doivent en conséquence être envoyés, le 28 du courant, au Val-de-Grace, pour la visite définitive qui commencera ledit jour à huit heures du matin.

Les Chefs des corps qui n'ont pas encore envoyé l'état des hommes qui sont dans le cas d'aller aux eaux, doivent s'adresser sans délai au Commissaire des guerres *Rollond* ; l'intention de son E. le Directeur-Ministre de l'administration de la guerre étant que tous les militaires partent ensemble et non isolément.

Le Général de Brigade Chef de l'État-major général du Gouvernement de Paris et de la première Division militaire,

CÉSAR BERTHIER.

GOUVERNEMENT DE PARIS.
1.re DIVISION MILITAIRE.
ÉTAT-MAJOR GÉNÉRAL.

Au quartier général, à Paris, le 28 Germinal an 13 [18 Avril 1805].

SERVICE DE L'ÉTAT-MAJOR GÉNÉRAL.

Du 28 au 29 Germinal.

Le Capitaine Adjoint de service à l'Etat-major général................	GALDEMAR.
Officier de santé de service à l'État-major........................	POISSON.
Secrétaire de service à l'État-major.............................	CORBET.

Du 29 au 30 Germinal.

Le Capitaine Adjoint de service à l'Etat-major général................	BOTTEX.
Officier de santé de service à l'État-major........................	DANTREVILLE.
Secrétaire de service à l'État-major.............................	LECLERC.

Rien de nouveau.

Le Général de Brigade Chef de l'État-major général du Gouvernement de Paris et de la première Division militaire,

CÉSAR BERTHIER.

GOUVERNEMENT DE PARIS.

1.ʳᵉ DIVISION MILITAIRE.
ÉTAT-MAJOR GÉNÉRAL.

Au quartier général, à Paris, le 29 Germinal an 13 [19 Avril 1805].

SERVICE DE L'ÉTAT-MAJOR GÉNÉRAL.

Du 29 au 30 Germinal.

Le Capitaine Adjoint de service à l'Etat-major général...............	BOTTEX.
Officier de santé de service à l'État-major........................	DANTREVILLE.
Secrétaire de service à l'État-major.............................	LECLERC.

Du 30 Germinal au 1.ᵉʳ Floréal.

Le Capitaine Adjoint de service à l'Etat-major général...............	AUGIAS.
Officier de santé de service à l'État-major........................	POISSON.
Secrétaire de service à l'État-major.............................	LAMOUREUX.

Rien de nouveau.

Le Général de Brigade Chef de l'Etat-major général du Gouvernement de Paris et de la première Division militaire,

CÉSAR BERTHIER.

GOUVERNEMENT DE PARIS.

1.re DIVISION MILITAIRE.

ÉTAT-MAJOR GÉNÉRAL.

Au quartier général, à Paris, le 30 Germinal an 13 [20 Avril 1805].

SERVICE DE L'ÉTAT-MAJOR GÉNÉRAL.

Du 30 Germinal au 1.er Floréal.

Le Capitaine Adjoint de service à l'Etat-major général............	AUGIAS.
Officier de santé de service à l'État-major....................	POISSON.
Secrétaire de service à l'État-major.........................	LAMOUREUX.

Du 1.er au 2 Floréal.

Le Capitaine Adjoint de service à l'Etat-major général............	WATHIEZ.
Officier de santé de service à l'État-major....................	DANTREVILLE.
Secrétaire de service à l'État-major.........................	CORBET.

ORDRE GÉNÉRAL.

Le Général Chef de l'État-major s'empresse de prévenir MM. les Officiers généraux et supérieurs de la garnison, que S. A. S. le Prince Murat, Grand-Amiral, Gouverneur de Paris, les recevra dimanche prochain à onze heures du matin.

Le Général de Brigade Chef de l'État-major général du Gouvernement de Paris et de la première Division militaire,

CÉSAR BERTHIER.

GOUVERNEMENT DE PARIS.

1.re *DIVISION MILITAIRE.*
ÉTAT-MAJOR GÉNÉRAL.

Au quartier général, à Paris, le 1.er Floréal an 13 [21 Avril 1805].

SERVICE DE L'ÉTAT-MAJOR GÉNÉRAL.

Du 1.er au 2 Floréal.

Le Capitaine Adjoint de service à l'Etat-major général................	WATHIEZ.
Officier de santé de service à l'État-major.......................	DANTREVILLE.
Secrétaire de service à l'État-major.............................	CORBET.

Du 2 au 3 Floréal.

Le Capitaine Adjoint de service à l'Etat-major général................	GUIARDELLE.
Officier de santé de service à l'État-major.......................	POISSON.
Secrétaire de service à l'État-major.............................	DUBOIS.

ORDRE GÉNÉRAL du 1.er Floréal.

L'ouverture des eaux de Bourbonne-les-Bains ne devant se faire, cette année, que du 20 au 30 floréal, les Militaires qui doivent s'y rendre ne partiront que le 15 du courant.

Le Général de Brigade Chef de l'État-major général du Gouvernement de Paris et de la première Division militaire,

CÉSAR BERTHIER.

GOUVERNEMENT DE PARIS.

DIVISION MILITAIRE.

ÉTAT-MAJOR GÉNÉRAL.

Au quartier-général à Paris, le 1.er Floréal an 13 (21 Avril 1805.)

SERVICE DE L'ÉTAT-MAJOR GÉNÉRAL.

Du 1.er au 2 Floréal.

Le Capitaine Adjoint de service à l'État-major-général........ WARNIER.
Adjoint aux armées de service à l'État-major........ DESCHAVANNES.
Sous-aide de service à l'Hôtel-Dieu........ COGNIER.

Du 2 au 3 Floréal.

Le Capitaine-Adjoint de service à l'État-major-général........ BERNERON.
Officier de santé de service à l'État-major........ POIRIER.
Sous-aide de service à l'Hôpital........ DORÉ.

ORDRE GÉNÉRAL du 1.er Floréal.

Les officiers de tous grades de la Place sont prévenus qu'à l'avenir ils feront exactement les objets du service qui est de leur ressort, sans se permettre de la régler eux-mêmes.

Le Colonel Chef de l'État-major-général du Gouvernement de Paris, prévient la Garnison.

GRANDJEAN.

GOUVERNEMENT DE PARIS.
1.re DIVISION MILITAIRE.
ÉTAT-MAJOR GÉNÉRAL.

Au quartier général, à Paris, le 2 Floréal an 13 [22 Avril 1805].

SERVICE DE L'ÉTAT-MAJOR GÉNÉRAL.

Du 2 au 3 Floréal.

Le Capitaine Adjoint de service à l'Etat-major général................	GUIARDELLE.
Officier de santé de service à l'État-major........................	POISSON.
Secrétaire de service à l'Etat-major.............................	DUBOIS.

Du 3 au 4 Floréal.

Le Capitaine Adjoint de service à l'Etat-major général................	DELORME.
Officier de santé de service à l'État-major........................	DANTREVILLE.
Secrétaire de service à l'Etat-major.............................	BRUNEL.

ORDRE GÉNÉRAL.

Rien de nouveau.

Le Général de Brigade Chef de l'État-major général du Gouvernement de Paris et de la première Division militaire,

CÉSAR BERTHIER.

GOUVERNEMENT DE PARIS.
1.ʳᵉ DIVISION MILITAIRE.
ÉTAT-MAJOR GÉNÉRAL.

Au quartier général, à Paris, le 3 Floréal an 13 [23 Avril 1805].

SERVICE DE L'ÉTAT-MAJOR GÉNÉRAL.

Du 3 au 4 Floréal.

Le Capitaine Adjoint de service à l'Etat-major général..................	DELORME.
Officier de santé de service à l'État-major.......................	DANTREVILLE.
Secrétaire de service à l'Etat-major.............................	BRUNEL.

Du 4 au 5 Floréal.

Le Capitaine Adjoint de service à l'Etat-major général..................	AUCLER.
Officier de santé de service à l'État-major.......................	POISSON.
Secrétaire de service à l'État-major.............................	PLANTIER.

ORDRE GÉNÉRAL.

Rien de nouveau.

Le Général de Brigade Chef de l'État-major général du Gouvernement de Paris et de la première Division militaire,

CÉSAR BERTHIER.

GOUVERNEMENT DE PARIS.

1.re DIVISION MILITAIRE.
ÉTAT-MAJOR GÉNÉRAL.

Au quartier général, à Paris, le 4 Floréal an 13 [24 Avril 1805].

SERVICE DE L'ÉTAT-MAJOR GÉNÉRAL.

Du 4 au 5 Floréal.

Le Capitaine Adjoint de service à l'Etat-major général................	AUCLER.
Officier de santé de service à l'État-major........................	POISSON.
Secrétaire de service à l'Etat-major................................	LAMOUREUX.

Du 5 au 6 Floréal.

Le Capitaine Adjoint de service à l'Etat-major général................	FORGEOT.
Officier de santé de service à l'État-major........................	DANTREVILLE.
Secrétaire de service à l'Etat-major................................	CORBET.

Rien de nouveau.

Le Général de Brigade Chef de l'Etat-major général du Gouvernement de Paris et de la première Division militaire,

CÉSAR BERTHIER.

GOUVERNEMENT DE PARIS.

1.re *DIVISION MILITAIRE.*
ÉTAT-MAJOR GÉNÉRAL.

Au quartier général, à Paris, le 5 Floréal an 13 [25 Avril 1805].

SERVICE DE L'ÉTAT-MAJOR GÉNÉRAL.

Du 5 au 6 Floréal.

Le Capitaine Adjoint de service à l'Etat-major général................	FORGEOT.
Officier de santé de service à l'État-major........................	DANTREVILLE.
Secrétaire de service à l'Etat-major.............................	CORBET.

Du 6 au 7 Floréal.

Le Capitaine Adjoint de service à l'Etat-major général................	GALDEMAR.
Officier de santé de service à l'État-major........................	POISSON.
Secrétaire de service à l'Etat-major.............................	LECLERC.

Rien de nouveau.

Le Général de Brigade Chef de l'État-major général du Gouvernement de Paris et de la première Division militaire,

CÉSAR BERTHIER.

GOUVERNEMENT DE PARIS.
1.re *DIVISION MILITAIRE.*
ÉTAT-MAJOR GÉNÉRAL.

Au quartier général, à Paris, le 6 Floréal an 13 [26 Avril 1805].

SERVICE DE L'ÉTAT-MAJOR GÉNÉRAL.

Du 6 au 7 Floréal.

Le Capitaine Adjoint de service à l'Etat-major général................	GALDEMAR.
Officier de santé de service à l'État-major........................	POISSON.
Secrétaire de service à l'Etat-major.............................	LECLERC.

Du 7 au 8 Floréal.

Le Capitaine Adjoint de service à l'Etat-major général................	BOTTEX.
Officier de santé de service à l'État-major........................	DANTREVILLE.
Secrétaire de service à l'Etat-major.............................	LAMOUREUX.

Rien de nouveau.

Le Général de Brigade Chef de l'État-major général du Gouvernement de Paris et de la première Division militaire,

CÉSAR BERTHIER.

GOUVERNEMENT DE PARIS.

1.re DIVISION MILITAIRE.
ÉTAT-MAJOR GÉNÉRAL.

Au quartier général, à Paris, le 7 Floréal an 13 [27 Avril 1805].

SERVICE DE L'ÉTAT-MAJOR GÉNÉRAL.

Du 7 au 8 Floréal.

Le Capitaine Adjoint de service à l'Etat-major général...............	BOTTEX.
Officier de santé de service à l'État-major.......................	DANTREVILLE.
Secrétaire de service à l'Etat-major.............................	LAMOUREUX.

Du 8 au 9 Floréal.

Le Capitaine Adjoint de service à l'Etat-major général...............	AUGIAS.
Officier de santé de service à l'État-major.......................	POISSON.
Secrétaire de service à l'Etat-major.............................	DUBOIS.

ORDRE GÉNÉRAL du 7.

S. A. S. Monseigneur le Prince MURAT est informée qu'au mépris de ses ordres, et notamment de celui du 21 pluviôse dernier, des Commandans de postes se permettent encore d'élargir des personnes qui leur sont consignées par l'autorité civile. Un abus aussi répréhensible, en ce qu'il contrarie l'action de la police et peut compromettre la sûreté et la tranquillité publiques, appelle toute la sévérité des réglemens militaires sur ceux qui s'en rendent coupables : en conséquence, les Chefs des corps donneront des ordres précis aux Officiers et Sous-officiers commandant les postes, pour qu'ils ne puissent, dans aucun cas ni sous aucun prétexte, mettre en liberté les individus prévenus de délits qui auraient été déposés à leur corps-de-garde, sans qu'au préalable l'autorité compétente ait statué à leur égard.

S. A. S. punira rigoureusement ceux qui s'écarteront, à l'avenir, des dispositions de cet ordre.

Le Général de Brigade Chef de l'Etat-major général du Gouvernement de Paris et de la première Division militaire,

CÉSAR BERTHIER.

GOUVERNEMENT DE PARIS.

1.re DIVISION MILITAIRE.

ÉTAT-MAJOR GÉNÉRAL.

Au quartier général, à Paris, le 7 Floréal an 13 [27 Avril 1805].

SERVICE DE L'ÉTAT-MAJOR-GÉNÉRAL.

Du 7 au 8 Floréal.

Le Capitaine Adjoint de service à l'État-major général .... Bovian.
Officier de sûreté de service à l'État-major .... Duchesne.
Employé de service à l'État-major .... Laborderie.

Du 8 au 9 Floréal.

Le Capitaine Adjoint de service à l'État-major général .... Audan.
Officier de sûreté de service à l'État-major .... Foissy.
Employé .... Duché.

ORDRE GÉNÉRAL du

GOUVERNEMENT DE PARIS.
1.re DIVISION MILITAIRE.
ÉTAT-MAJOR GÉNÉRAL.

Au quartier général, à Paris, le 8 Floréal an 13 [28 Avril 1805].

SERVICE DE L'ÉTAT-MAJOR GÉNÉRAL.

Du 8 au 9 Floréal.

Le Capitaine Adjoint de service à l'Etat-major général................	AUGIAS.
Officier de santé de service à l'État-major........................	POISSON.
Secrétaire de service à l'Etat-major.............................	DUBOIS.

Du 9 au 10 Floréal.

Le Capitaine Adjoint de service à l'Etat-major général................	WATHIEZ.
Officier de santé de service à l'État-major........................	DANTREVILLE.
Secrétaire de service à l'Etat-major.............................	BRUNEL.

Rien de nouveau.

Le Général de Brigade Chef de l'État-major général du Gouvernement de Paris et de la première Division militaire,

CÉSAR BERTHIER.

GOUVERNEMENT DE PARIS.

1.re DIVISION MILITAIRE.
ÉTAT-MAJOR GÉNÉRAL.

Au quartier général, à Paris, le 9 Floréal an 13 [29 Avril 1805].

SERVICE DE L'ÉTAT-MAJOR GÉNÉRAL.

Du 9 au 10 Floréal.

Le Capitaine Adjoint de service à l'Etat-major général.................. WATHIEZ.
Officier de santé de service à l'État-major......................... DANTREVILLE.
Secrétaire de service à l'Etat-major................................ BRUNEL.

Du 10 au 11 Floréal.

Le Capitaine Adjoint de service à l'Etat-major général.................. DELORME.
Officier de santé de service à l'État-major......................... POISSON.
Secrétaire de service à l'Etat-major................................ DESMOULINS.

Rien de nouveau.

Le Général de Brigade Chef de l'État-major général du Gouvernement de Paris et de la première Division militaire,

CÉSAR BERTHIER.

GOUVERNEMENT DE PARIS.
1.re DIVISION MILITAIRE.
ÉTAT-MAJOR GÉNÉRAL.

Au quartier général, à Paris, le 10 Floréal an 13 [30 Avril 1805].

SERVICE DE L'ÉTAT-MAJOR GÉNÉRAL.

Du 10 au 11 Floréal.

Le Capitaine Adjoint de service à l'Etat-major général................	DELORME.
Officier de santé de service à l'État-major........................	POISSON.
Secrétaire de service à l'Etat-major.............................	DESMOULINS.

Du 11 au 12 Floréal.

Le Capitaine Adjoint de service à l'Etat-major général................	AUCLER.
Officier de santé de service à l'État-major........................	DANTREVILLE.
Secrétaire de service à l'Etat-major.............................	CORBET.

Rien de nouveau.

Le Général de Brigade Chef de l'État-major général du Gouvernement de Paris et de la première Division militaire,

CÉSAR BERTHIER.

GOUVERNEMENT DE PARIS.
1.re *DIVISION MILITAIRE.*
ÉTAT-MAJOR GÉNÉRAL.

Au quartier général, à Paris, le 11 Floréal an 13 [1.er Mai 1805].

SERVICE DE L'ÉTAT-MAJOR GÉNÉRAL.

Du 11 au 12 Floréal.

Le Capitaine Adjoint de service à l'Etat-major général................	AUCLER.
Officier de santé de service à l'État-major.......................	DANTREVILLE.
Secrétaire de service à l'Etat-major.............................	CORBET.

Du 12 au 13 Floréal.

Le Capitaine Adjoint de service à l'Etat-major général................	FORGEOT.
Officier de santé de service à l'État-major.......................	POISSON.
Secrétaire de service à l'Etat-major.............................	LECLERC.

Rien de nouveau.

Le Général de Brigade Chef de l'État-major général du Gouvernement de Paris et de la première Division militaire,

CÉSAR BERTHIER.

GOUVERNEMENT DE PARIS.
1.re *DIVISION MILITAIRE.*
ÉTAT-MAJOR GÉNÉRAL.

Au quartier général, à Paris, le 12 Floréal an 13 [2 Mai 1805].

SERVICE DE L'ÉTAT-MAJOR GÉNÉRAL.

Du 12 au 13 Floréal.

Le Capitaine Adjoint de service à l'État-major général	FORGEOT.
Officier de santé de service à l'État-major	POISSON.
Secrétaire de service à l'État-major	LECLERC.

Du 13 au 14 Floréal.

Le Capitaine Adjoint de service à l'État-major général	GALDEMAR.
Officier de santé de service à l'État-major	DANTREVILLE.
Secrétaire de service à l'État-major	LAMOUREUX.

ORDRE GÉNÉRAL.

Son A. S. Monseigneur le Prince MURAT, grand Amiral de l'Empire, et Maréchal Gouverneur de Paris, en conformité de l'instruction de M. le Maréchal-Ministre de la guerre, en date du 5 floréal an 9, fait connaître, par la voie de l'Ordre général, l'Ordonnance de déchéance et de séquestre rendue le 29 germinal dernier, par M. le Président du 1.er Conseil de guerre séant à Paris, contre le nommé *Jean Hertemans*, militaire contumax.

1.er CONSEIL DE GUERRE PERMANENT DE LA 1.re DIVISION MILITAIRE.

Ordonnance de déchéance et de séquestre.

Cejourd'hui vingt-neuf germinal an treize ;

Nous Jean-Baptiste *Duplessis*, Général divisionnaire, Chef de brigade, Commandant de la Légion d'honneur, Président du 1.er Conseil de guerre permanent de la 1.re Division militaire; vu l'article 464 du Code des délits et des peines, du 3 brumaire an 4, déclarons rebelle à la loi le nommé *Jean Hertmans*, traduit en justice sous le nom de *Martement*, fils de Jean et de Catherine *Vertraegen*, né en janvier 1781, en la commune d'*Anvers*, premier arrondissement du département des Deux-Nètes, voltigeur de la 14.e compagnie du 4.e régiment d'infanterie légère.

MANDONS et ordonnons de mettre à exécution la présente, qui sera publiée à son de trompe ou de tambour, et affichée, tant à la porte de l'auditoire du Conseil, qu'à celle du domicile du *contumax*;

Voulons, en outre, que copie d'icelle soit adressée de suite à S. A. S. Monseigneur le Prince MURAT, Gouverneur de Paris, pour ladite être encore rendue publique par la voie de l'Ordre de la Division ;

Chargeons, au reste, M. *Delon*, Substitut du Rapporteur, de faire exécuter la présente dans tout son contenu.

Fait et ainsi ordonné, à Paris, les jour, mois et an que dessus.

Pour expédition :
Le Capitaine adjoint, Rapporteur-substitut;
ED. DELON.

Le Général de Brigade Chef de l'État-major général du Gouvernement de Paris et de la première Division militaire,

CÉSAR BERTHIER.

GOUVERNEMENT DE PARIS.
1.re DIVISION MILITAIRE.
ÉTAT-MAJOR GÉNÉRAL.

Au quartier général, à Paris, le 13 Floréal an 13 [3 Mai 1805].

SERVICE DE L'ÉTAT-MAJOR GÉNÉRAL.

Du 13 au 14 Floréal.

Le Capitaine Adjoint de service à l'Etat-major général...............	GALDEMAR.
Officier de santé de service à l'État-major........................	DANTREVILLE.
Secrétaire de service à l'Etat-major.............................	LAMOUREUX.

Du 14 au 15 Floréal.

Le Capitaine Adjoint de service à l'Etat-major général...............	BOTTEX.
Officier de santé de service à l'État-major........................	POISSON.
Secrétaire de service à l'Etat-major.............................	DUBOIS.

Rien de nouveau.

Le Général de Brigade Chef de l'État-major général du Gouvernement de Paris et de la première Division militaire,

CÉSAR BERTHIER.

GOUVERNEMENT DE PARIS.
1.re DIVISION MILITAIRE.
ÉTAT-MAJOR GÉNÉRAL.

Au quartier général, à Paris, le 14 Floréal an 13 [4 Mai 1805].

SERVICE DE L'ÉTAT-MAJOR GÉNÉRAL.

Du 14 au 15 Floréal.

Le Capitaine Adjoint de service à l'Etat-major général................	BOTTEX.
Officier de santé de service à l'État-major........................	POISSON.
Secrétaire de service à l'Etat-major.............................	DUBOIS.

Du 15 au 16 Floréal.

Le Capitaine Adjoint de service à l'Etat-major général................	AUGIAS.
Officier de santé de service à l'État-major........................	DANTREVILLE.
Secrétaire de service à l'Etat-major.............................	BRUNEL.

Rien de nouveau.

Le Général de Brigade Chef de l'État-major général du Gouvernement de Paris et de la première Division militaire,

CÉSAR BERTHIER.

GOUVERNEMENT DE PARIS.

1.re DIVISION MILITAIRE.
ÉTAT-MAJOR GÉNÉRAL.

Au quartier général, à Paris, le 15 Floréal an 13 [5 Mai 1805].

SERVICE DE L'ÉTAT-MAJOR GÉNÉRAL.

Du 15 au 16 Floréal.

Le Capitaine Adjoint de service à l'Etat-major général...............	AUGIAS.
Officier de santé de service à l'État-major.......................	DANTREVILLE.
Secrétaire de service à l'Etat-major.............................	DESMOULINS.

Du 16 au 17 Floréal.

Le Capitaine Adjoint de service à l'Etat-major général...............	WATHIEZ.
Officier de santé de service à l'État-major.......................	POISSON.
Secrétaire de service à l'Etat-major.............................	BRUNEL.

Rien de nouveau.

Le Général de Brigade Chef de l'État-major général du Gouvernement de Paris et de la première Division militaire,

CÉSAR BERTHIER.

GOUVERNEMENT DE PARIS.
1.re DIVISION MILITAIRE.
ÉTAT-MAJOR GÉNÉRAL.

Au quartier général, à Paris, le 16 Floréal an 13 [6 Mai 1805].

SERVICE DE L'ÉTAT-MAJOR GÉNÉRAL.

Du 16 au 17 Floréal.

Le Capitaine Adjoint de service à l'Etat-major général...............	WATHIEZ.
Officier de santé de service à l'État-major.......................	POISSON.
Secrétaire de service à l'Etat-major.............................	BRUNEL.

Du 17 au 18 Floréal.

Le Capitaine Adjoint de service à l'Etat-major général...............	GUIARDELLE.
Officier de santé de service à l'État-major.......................	DANTREVILLE.
Secrétaire de service à l'Etat-major.............................	LECLERC.

Rien de nouveau.

Le Général de Brigade Chef de l'État-major général du Gouvernement de Paris et de la première Division militaire,

CÉSAR BERTHIER.

GOUVERNEMENT DE PARIS.

1.re DIVISION MILITAIRE.

ÉTAT-MAJOR GÉNÉRAL.

Au quartier général, à Paris, le 17 Floréal an 13 [7 Mai 1805].

SERVICE DE L'ÉTAT-MAJOR GÉNÉRAL.

Du 17 au 18 Floréal.

Le Capitaine Adjoint de service à l'Etat-major général............	FORGEOT.
Officier de santé de service à l'État-major....................	DANTREVILLE.
Secrétaire de service à l'Etat-major........................	CORBET.

Du 18 au 19 Floréal.

Le Capitaine Adjoint de service à l'Etat-major général............	AUCLER.
Officier de santé de service à l'État-major....................	POISSON.
Secrétaire de service à l'Etat-major........................	LECLERC.

Rien de nouveau.

Le Général de Brigade Chef de l'État-major général du Gouvernement de Paris et de la première Division militaire,

CÉSAR BERTHIER.

GOUVERNEMENT DE PARIS.

1.re *DIVISION MILITAIRE.*
ÉTAT-MAJOR GÉNÉRAL.

Au quartier général, à Paris, le 18 Floréal an 13 [8 Mai 1805].

SERVICE DE L'ÉTAT-MAJOR GÉNÉRAL.

Du 18 au 19 Floréal.

Le Capitaine Adjoint de service à l'Etat-major général................	AUCLER.
Officier de santé de service à l'État-major..........................	POISSON.
Secrétaire de service à l'Etat-major................................	LECLERC.

Du 19 au 20 Floréal.

Le Capitaine Adjoint de service à l'Etat-major général................	DELORME.
Officier de santé de service à l'État-major..........................	DANTREVILLE.
Secrétaire de service à l'Etat-major................................	LAMOUREUX.

Rien de nouveau.

Le Général de Brigade Chef de l'État-major général du Gouvernement de Paris et de la première Division militaire,

CÉSAR BERTHIER.

GOUVERNEMENT DE PARIS.

1.re *DIVISION MILITAIRE.*
ÉTAT-MAJOR GÉNÉRAL.

Au quartier général, à Paris, le 19 Floréal an 13 [9 Mai 1805].

SERVICE DE L'ÉTAT-MAJOR GÉNÉRAL.

Du 19 au 20 Floréal.

Le Capitaine Adjoint de service à l'Etat-major général...............	DELORME.
Officier de santé de service à l'État-major.......................	DANTREVILLE.
Secrétaire de service à l'Etat-major.............................	LAMOUREUX.

Du 20 au 21 Floréal.

Le Capitaine Adjoint de service à l'Etat-major général...............	GALDEMAR,
Officier de santé de service à l'État-major.......................	POISSON.
Secrétaire de service à l'Etat-major.............................	DUBOIS.

ORDRE GÉNÉRAL.

S. M. l'Empereur et Roi ayant ordonné que l'expédition de tout congé ou permission aux militaires en activité de service serait suspendue jusqu'à nouvel ordre, les Chefs des corps employés dans la première Division militaire sont prévenus que S. A. S. Monseigneur le Prince MURAT ne pouvant accueillir de semblables demandes, ils doivent s'interdire de lui en adresser aucune de ce genre.

Le Général de Brigade Chef de l'État-major général du Gouvernement de Paris et de la première Division militaire,

CÉSAR BERTHIER.

GOUVERNEMENT DE PARIS.

1.re DIVISION MILITAIRE.

ÉTAT-MAJOR GÉNÉRAL.

Au quartier général, à Paris, le 20 Floréal an 13 [10 Mai 1805].

SERVICE DE L'ÉTAT-MAJOR GÉNÉRAL.

Du 20 au 21 Floréal.

Le Capitaine Adjoint de service à l'État-major général..............	GALDEMAR.
Officier de santé de service à l'État-major........................	POISSON.
Secrétaire de service à l'État-major..............................	DUBOIS.

Du 21 au 22 Floréal.

Le Capitaine Adjoint de service à l'État-major général..............	AUGIAS.
Officier de santé de service à l'État-major........................	DANTREVILLE.
Secrétaire de service à l'État-major..............................	BRUNEL.

ORDRE GÉNÉRAL.

D'après de nouvelles dispositions du Ministre de la guerre, Messieurs les Généraux commandant les subdivisions, ainsi que les Chefs de corps, sont invités à adresser à l'État-major général les États de situation de quinzaine des troupes sous leurs ordres, de manière qu'ils arrivent exactement les 13 et 29 de chaque mois ; ils seront responsables du retard qu'éprouverait cet envoi à ces époques, qui sont de rigueur, afin que l'État général puisse être envoyé à son Excellence les 1.er et 15 fixes.

Messieurs les Commandans des subdivisions devront rendre compte avec soin des corps ou détachemens arrivés sous leurs ordres ou sortis de leurs subdivisions, et faire un rapport sur leur accroissement ou leurs pertes, sur l'habillement, équipement, armement, instruction, police, &c.

Le Général de Brigade Chef de l'État-major général du Gouvernement de Paris et de la première Division militaire,

CÉSAR BERTHIER.

GOUVERNEMENT DE PARIS.
1.re DIVISION MILITAIRE.
ÉTAT-MAJOR GÉNÉRAL.

Au quartier général, à Paris, le 21 Floréal an 13 [11 Mai 1805].

SERVICE DE L'ÉTAT-MAJOR GÉNÉRAL.

Du 21 au 22 Floréal.

Le Capitaine Adjoint de service à l'État-major général................	AUGIAS.
Officier de santé de service à l'État-major........................	DANTREVILLE.
Secrétaire de service à l'Etat-major............................	DESMOULINS.

Du 22 au 23 Floréal.

Le Capitaine Adjoint de service à l'État-major général................	GUIARDELLE.
Officier de santé de service à l'État-major........................	POISSON.
Secrétaire de service à l'Etat-major............................	BRUNEL.

Rien de nouveau.

Le Général de Brigade Chef de l'État-major général du Gouvernement de Paris et de la première Division militaire,

CÉSAR BERTHIER.

GOUVERNEMENT DE PARIS.
1.re DIVISION MILITAIRE.
ÉTAT-MAJOR GÉNÉRAL.

Au quartier général, à Paris, le 23 Floréal an 13 [13 Mai 1805].

SERVICE DE L'ÉTAT-MAJOR GÉNÉRAL.

Du 23 au 24 Floréal.

Le Capitaine Adjoint de service à l'Etat-major général	WATHIEZ.
Officier de santé de service à l'État-major	DANTREVILLE.
Secrétaire de service à l'Etat-major	CORBET.

Du 24 au 25 Floréal.

Le Capitaine Adjoint de service à l'État-major général	BOTTEX.
Officier de santé de service à l'État-major	POISSON.
Secrétaire de service à l'Etat-major	LECLERC.

Rien de nouveau.

Le Général de Brigade Chef de l'État-major général du Gouvernement de Paris et de la première Division militaire,

CÉSAR BERTHIER.

GOUVERNEMENT DE PARIS.

1.re DIVISION MILITAIRE.
ÉTAT-MAJOR GÉNÉRAL.

Au quartier général, à Paris, le 24 Floréal an 13 [14 Mai 1805].

SERVICE DE L'ÉTAT-MAJOR GÉNÉRAL.

Du 24 au 25 Floréal.

Le Capitaine Adjoint de service à l'État-major général................	BOTTEX.
Officier de santé de service à l'État-major........................	POISSON.
Secrétaire de service à l'Etat-major.............................	LECLERC.

Du 25 au 26 Floréal.

Le Capitaine Adjoint de service à l'Etat-major général................	DELORME.
Officier de santé de service à l'État-major........................	DANTREVILLE.
Secrétaire de service à l'Etat-major.............................	LAMOUREUX.

ORDRE GÉNÉRAL.

Il a été trouvé une montre d'argent dans une des paillasses de la caserne Soubise ; le militaire de la garnison qui serait dans le cas de la réclamer, pourra s'adresser au Garde-magasin général du casernement, qui la remettra en la désignant.

Le Général de Brigade Chef de l'État-major général du Gouvernement de Paris et de la première Division militaire,

CÉSAR BERTHIER.

GOUVERNEMENT DE PARIS.
1.ʳᵉ DIVISION MILITAIRE.
ÉTAT-MAJOR GÉNÉRAL.

Au quartier général, à Paris, le 25 Floréal an 13 [15 Mai 1805].

SERVICE DE L'ÉTAT-MAJOR GÉNÉRAL.

Du 25 au 26 Floréal.

Le Capitaine Adjoint de service à l'Etat-major général.............	DELORME.
Officier de santé de service à l'État-major.........................	DANTREVILLE.
Secrétaire de service à l'Etat-major................................	LAMOUREUX.

Du 26 au 27 Floréal.

Le Capitaine Adjoint de service à l'État-major général.............	AUCLER.
Officier de santé de service à l'Etat-major........................	POISSON.
Secrétaire de service à l'Etat-major...............................	DUBOIS.

Rien de nouveau.

Le Général de Brigade Chef de l'État-major général du Gouvernement de Paris et de la première Division militaire,

CÉSAR BERTHIER.

GOUVERNEMENT DE PARIS.
1.re DIVISION MILITAIRE.
ÉTAT-MAJOR GÉNÉRAL.

Au quartier général, à Paris, le 26 Floréal an 13 [16 Mai 1805].

SERVICE DE L'ÉTAT-MAJOR GÉNÉRAL.

Du 26 au 27 Floréal.

Le Capitaine Adjoint de service à l'État-major général...............	AUCLER.
Officier de santé de service à l'État-major.......................	POISSON.
Secrétaire de service à l'État-major.............................	DUBOIS.

Du 27 au 28 Floréal.

Le Capitaine Adjoint de service à l'État-major général...............	FORGEOT.
Officier de santé de service à l'État-major.......................	DANTREVILLE.
Secrétaire de service à l'État-major.............................	BRUNEL.

Rien de nouveau.

Le Général de Brigade Chef de l'État-major général du Gouvernement de Paris et de la première Division militaire,

CÉSAR BERTHIER.

GOUVERNEMENT DE PARIS.

1.re DIVISION MILITAIRE.

ÉTAT-MAJOR GÉNÉRAL.

Au quartier général, à Paris, le 27 Floréal an 13 [17 Mai 1805].

SERVICE DE L'ÉTAT-MAJOR GÉNÉRAL.

Du 27 au 28 Floréal.

Le Capitaine Adjoint de service à l'État-major général	FORGEOT.
Officier de santé de service à l'État-major	DANTREVILLE.
Secrétaire de service à l'État-major	BRUNEL.

Du 28 au 29 Floréal.

Le Capitaine Adjoint de service à l'État-major général	GALDEMAR.
Officier de santé de service à l'État-major	POISSON.
Secrétaire de service à l'État-major	DESMOULINS.

Rien de nouveau.

Le Général de Brigade Chef de l'État-major général du Gouvernement de Paris et de la première Division militaire,

CÉSAR BERTHIER.

GOUVERNEMENT DE PARIS.
1.re *DIVISION MILITAIRE.*
ÉTAT-MAJOR GÉNÉRAL.

Au quartier général, à Paris, le 28 Floréal an 13 [18 Mai 1805].

SERVICE DE L'ÉTAT-MAJOR GÉNÉRAL.

Du 28 au 29 Floréal.

Le Capitaine Adjoint de service à l'État-major général.................	GALDEMAR.
Officier de santé de service à l'État-major.........................	POISSON.
Secrétaire de service à l'Etat-major...............................	DESMOULINS.

Du 29 au 30 Floréal.

Le Capitaine Adjoint de service à l'État-major général.................	BOTTEX.
Officier de santé de service à l'État-major.........................	DANTREVILLE.
Secrétaire de service à l'Etat-major...............................	CORBET.

Rien de nouveau.

Le Général de Brigade Chef de l'Etat-major général du Gouvernement de Paris et de la première Division militaire,

CÉSAR BERTHIER.

GOUVERNEMENT DE PARIS.
1.re *DIVISION MILITAIRE.*
ÉTAT-MAJOR GÉNÉRAL.

Au quartier général, à Paris, le 29 Floréal an 13 [19 Mai 1805].

SERVICE DE L'ÉTAT-MAJOR GÉNÉRAL.

Du 29 au 30 Floréal.

Le Capitaine Adjoint de service à l'Etat-major général..................	BOTTEX.
Officier de santé de service à l'État-major.......................	DANTREVILLE.
Secrétaire de service à l'Etat-major................................	CORBET.

Du 30 Floréal au 1.er Prairial.

Le Capitaine Adjoint de service à l'État-major général.................	AUGIAS.
Officier de santé de service à l'État-major.......................	POISSON.
Secrétaire de service à l'Etat-major................................	LECLERC.

Rien de nouveau.

Le Général de Brigade Chef de l'État-major général du Gouvernement de Paris et de la première Division militaire,

CÉSAR BERTHIER.

GOUVERNEMENT DE PARIS.
1.re DIVISION MILITAIRE.
ÉTAT-MAJOR GÉNÉRAL.

Au quartier général, à Paris, le 30 Floréal an 13 [20 Mai 1805].

SERVICE DE L'ÉTAT-MAJOR GÉNÉRAL.

Du 30 Floréal au 1.er Prairial.

Le Capitaine Adjoint de service à l'État-major général	AUGIAS.
Officier de santé de service à l'État-major	POISSON.
Secrétaire de service à l'Etat-major	LECLERC.

Du 1.er au 2 Prairial.

Le Capitaine Adjoint de service à l'Etat-major général	WATHIEZ.
Officier de santé de service à l'État-major	DANTREVILLE.
Secrétaire de service à l'Etat-major	LAMOUREUX.

Rien de nouveau.

Le Général de Brigade Chef de l'État-major général du Gouvernement de Paris et de la première Division militaire,

CÉSAR BERTHIER.

GOUVERNEMENT DE PARIS.
1.ʳᵉ DIVISION MILITAIRE.
ÉTAT-MAJOR GÉNÉRAL.

Au quartier général, à Paris, le 1.ᵉʳ Prairial an 13 [21 Mai 1805].

SERVICE DE L'ÉTAT-MAJOR GÉNÉRAL.

Du 1.ᵉʳ au 2 Prairial.

Le Capitaine Adjoint de service à l'État-major général................	WATHIEZ.
Officier de santé de service à l'État-major........................	DANTREVILLE.
Secrétaire de service à l'Etat-major.............................	LAMOUREUX.

Du 2 au 3 Prairial.

Le Capitaine Adjoint de service à l'État-major général................	GUIARDELLE.
Officier de santé de service à l'État-major........................	POISSON.
Secrétaire de service à l'Etat-major.............................	DUBOIS.

Rien de nouveau.

Le Général de Brigade Chef de l'Etat-major général du Gouvernement de Paris et de la première Division militaire,

CÉSAR BERTHIER.

GOUVERNEMENT DE PARIS.

1ʳᵉ DIVISION MILITAIRE.

ÉTAT-MAJOR GÉNÉRAL.

Au quartier-général à Paris, le 1ᵉʳ Prairial an 13 (21 Mai 1805).

ÉTAT DE L'ÉTAT-MAJOR-GÉNÉRAL.

Du 1ᵉʳ au 2 Prairial.

Chef de.................... Wateau.
Sous-chef................... Dupouvoir.
Adjoint..................... Lamoureux.

Du 2 au 3 Prairial.

Chef........................ Guipassier.
Sous-chef................... ....
Adjoint..................... Dorie.

Signé LEGRETIER.

GOUVERNEMENT DE PARIS.

1.re *DIVISION MILITAIRE.*
ÉTAT-MAJOR GÉNÉRAL.

Au quartier général, à Paris, le 2 Prairial an 13 [22 Mai 1805].

SERVICE DE L'ÉTAT-MAJOR GÉNÉRAL.

Du 2 au 3 Prairial.

Le Capitaine Adjoint de service à l'État-major général...............	GUIARDELLE.
Officier de santé de service à l'État-major......................	POISSON.
Secrétaire de service à l'État-major............................	DUBOIS.

Du 3 au 4 Prairial.

Le Capitaine Adjoint de service à l'État-major général...............	DELORME.
Officier de santé de service à l'État-major......................	DANTREVILLE.
Secrétaire de service à l'État-major............................	BRUNEL.

Rien de nouveau.

Le Général de Brigade Chef de l'État-major général du Gouvernement de Paris et de la première Division militaire,

CÉSAR BERTHIER.

GOUVERNEMENT DE PARIS.
1.re DIVISION MILITAIRE.
ÉTAT-MAJOR GÉNÉRAL.

Au quartier général, à Paris, le 3 Prairial an 13 [23 Mai 1805].

SERVICE DE L'ÉTAT-MAJOR GÉNÉRAL.

Du 3 au 4 Prairial.

Le Capitaine Adjoint de service à l'État-major général................ DELORME.
Officier de santé de service à l'Etat-major........................ DANTREVILLE.
Secrétaire de service à l'État-major............................. BRUNEL.

Du 4 au 5 Prairial.

Le Capitaine Adjoint de service à l'État-major général................ AUCLER.
Officier de santé de service à l'État-major........................ POISSON.
Secrétaire de service à l'État-major............................. CORBET.

Rien de nouveau.

Le Général de Brigade Chef de l'État-major général du Gouvernement de Paris et de la première Division militaire,

CÉSAR BERTHIER.

GOUVERNEMENT DE PARIS.
1.re DIVISION MILITAIRE.
ÉTAT-MAJOR GÉNÉRAL.

Au quartier général, à Paris, le 4 Prairial an 13 [24 Mai 1805].

SERVICE DE L'ÉTAT-MAJOR GÉNÉRAL.

Du 4 au 5 Prairial.

Le Capitaine Adjoint de service à l'État-major général................. AUCLER.
Officier de santé de service à l'État-major......................... POISSON.
Secrétaire de service à l'État-major.............................. CORBET.

Du 5 au 6 Prairial.

Le Capitaine Adjoint de service à l'État-major général................. FORGEOT.
Officier de santé de service à l'État-major......................... DANTREVILLE.
Secrétaire de service à l'État-major.............................. LECLERC.

Rien de nouveau.

Le Général de Brigade Chef de l'État-major général du Gouvernement de Paris et de la première Division militaire,

CÉSAR BERTHIER.

GOUVERNEMENT DE PARIS.

1.re DIVISION MILITAIRE.

ÉTAT-MAJOR GÉNÉRAL.

Au quartier général, à Paris, le 5 Prairial an 13 [25 Mai 1805].

SERVICE DE L'ÉTAT-MAJOR GÉNÉRAL.

Du 5 au 6 Prairial.

Le Capitaine Adjoint de service à l'État-major général	FORGEOT.
Officier de santé de service à l'État-major	DANTREVILLE.
Secrétaire de service à l'État-major	LECLERC.

Du 6 au 7 Prairial.

Le Capitaine Adjoint de service à l'État-major général	GALDEMAR.
Officier de santé de service à l'État-major	POISSON.
Secrétaire de service à l'État-major	LAMOUREUX.

Rien de nouveau.

Le Général de Brigade Chef de l'État-major général du Gouvernement de Paris et de la première Division militaire,

CÉSAR BERTHIER.

GOUVERNEMENT DE PARIS.

1.re DIVISION MILITAIRE.
ÉTAT-MAJOR GÉNÉRAL.

Au quartier général, à Paris, le 6 Prairial an 13 [26 Mai 1805].

SERVICE DE L'ÉTAT-MAJOR GÉNÉRAL.

Du 6 au 7 Prairial.

Le Capitaine Adjoint de service à l'État-major général................	GALDEMAR.
Officier de santé de service à l'État-major.......................	POISSON.
Secrétaire de service à l'État-major.............................	LAMOUREUX.

Du 7 au 8 Prairial.

Le Capitaine Adjoint de service à l'État-major général................	BOTTEX.
Officier de santé de service à l'État-major.......................	DANTREVILLE.
Secrétaire de service à l'État-major.............................	DUBOIS.

Rien de nouveau.

Le Général de Brigade Chef de l'État-major général du Gouvernement de Paris et de la première Division militaire,

CÉSAR BERTHIER.

GOUVERNEMENT DE PARIS.

1.ʳᵉ *DIVISION MILITAIRE.*

ÉTAT-MAJOR GÉNÉRAL.

Au quartier général, à Paris, le 7 Prairial an 13 [27 Mai 1805].

SERVICE DE L'ÉTAT-MAJOR GÉNÉRAL.

Du 7 au 8 Prairial.

Le Capitaine Adjoint de service à l'État-major général................	BOTTEX.
Officier de santé de service à l'État-major........................	DANTREVILLE.
Secrétaire de service à l'État-major.............................	DUBOIS.

Du 8 au 9 Prairial.

Le Capitaine Adjoint de service à l'État-major général................	AUGIAS.
Officier de santé de service à l'État-major........................	POISSON.
Secrétaire de service à l'État-major.............................	BRUNEL.

Rien de nouveau.

Le Général de Brigade Chef de l'État-major général du Gouvernement de Paris et de la première Division militaire,

CÉSAR BERTHIER.

GOUVERNEMENT DE PARIS.
1.re DIVISION MILITAIRE.
ÉTAT-MAJOR GÉNÉRAL.

Au quartier général, à Paris, le 8 Prairial an 13 [28 Mai 1805].

SERVICE DE L'ÉTAT-MAJOR GÉNÉRAL.

Du 8 au 9 Prairial.

Le Capitaine Adjoint de service à l'État-major général	AUGIAS.
Officier de santé de service à l'État-major	POISSON.
Secrétaire de service à l'État-major	BRUNEL.

Du 9 au 10 Prairial.

Le Capitaine Adjoint de service à l'État-major général	WATHIEZ.
Officier de santé de service à l'État-major	DANTREVILLE.
Secrétaire de service à l'État-major	CORBET.

Rien de nouveau.

Le Général de Brigade Chef de l'État-major général du Gouvernement de Paris et de la première Division militaire,

CÉSAR BERTHIER.

GOUVERNEMENT DE PARIS.

1.ʳᵉ DIVISION MILITAIRE.

ÉTAT-MAJOR GÉNÉRAL.

Au quartier général, à Paris, le 9 Prairial an 13 [29 Mai 1805].

SERVICE DE L'ÉTAT-MAJOR GÉNÉRAL.

Du 9 au 10 Prairial.

Le Capitaine Adjoint de service à l'État-major général..................	WATHIEZ.
Officier de santé de service à l'État-major.........................	DANTREVILLE.
Secrétaire de service à l'État-major...............................	CORBET.

Du 10 au 11 Prairial.

Le Capitaine Adjoint de service à l'État-major général..................	GUIARDELLE.
Officier de santé de service à l'État-major.........................	POISSON.
Secrétaire de service à l'État-major...............................	LECLERC.

Rien de nouveau.

Le Général de Brigade Chef de l'État-major général du Gouvernement de Paris et de la première Division militaire,

CÉSAR BERTHIER.

GOUVERNEMENT DE PARIS.

1.re DIVISION MILITAIRE.

ÉTAT-MAJOR GÉNÉRAL.

Au quartier général, à Paris, le 10 Prairial an 13 [30 Mai 1805].

SERVICE DE L'ÉTAT-MAJOR GÉNÉRAL.

Du 10 au 11 Prairial.

Le Capitaine Adjoint de service à l'État-major général................	GUIARDELLE.
Officier de santé de service à l'État-major.........................	POISSON.
Secrétaire de service à l'État-major...............................	LECLERC.

Du 11 au 12 Prairial.

Le Capitaine Adjoint de service à l'État-major général................	DELORME.
Officier de santé de service à l'État-major.........................	DANTREVILLE.
Secrétaire de service à l'État-major...............................	LAMOUREUX.

Rien de nouveau.

Le Général de Brigade Chef de l'État-major général du Gouvernement de Paris et de la première Division militaire,

CÉSAR BERTHIER.

GOUVERNEMENT DE PARIS.

1.ʳᵉ *DIVISION MILITAIRE.*
ÉTAT-MAJOR GÉNÉRAL.

Au quartier général, à Paris, le 11 Prairial an 13 [31 Mai 1805].

SERVICE DE L'ÉTAT-MAJOR GÉNÉRAL.

Du 11 au 12 Prairial.

Le Capitaine Adjoint de service à l'État-major général...............	DELORME.
Officier de santé de service à l'État-major........................	DANTREVILLE.
Secrétaire de service à l'État-major.............................	LAMOUREUX.

Du 12 au 13 Prairial.

Le Capitaine Adjoint de service à l'État-major général...............	AUCLER.
Officier de santé de service à l'État-major........................	POISSON.
Secrétaire de service à l'État-major.............................	DUBOIS.

ORDRE GÉNÉRAL.

Alexandrie, le 15 Floréal an 13.

Au Colonel du   Régiment d   à

SA MAJESTÉ est informée, Monsieur, que dans les corps d'une organisation nouvelle et dans ceux où des circonstances particulières ont multiplié les promotions des Lieutenans et des Sous-lieutenans peu anciens dans leurs grades, obtiennent un avancement rapide à la faveur des nominations à l'élection ou à l'ancienneté; il y a même des corps où des Officiers sont parvenus au choix, et en trois années, du grade de Sous-officier à celui de Capitaine.

Dans d'autres régimens, au contraire, il existe des Officiers qui comptent plus de dix ans de service dans leurs grades, et qui ayant au-dessus d'eux des Officiers plus anciens encore et destinés à les précéder dans la carrière de l'avancement, attendent depuis plusieurs années le moment où ils pourront y être appelés à leur tour.

SA MAJESTÉ veut faire cesser ces différences aussi injustes que décourageantes; son intention est que désormais un militaire ne doive sa promotion qu'à ses services et non à la faveur des circonstances, et que le bienfait de l'avancement se distribue d'une manière plus uniforme et moins arbitraire dans tous les corps de l'armée.

Déjà, par une conséquence de ce principe, elle a bien voulu, pour les nominations à son choix, s'imposer l'obligation de ne nommer aux Sous-lieutenances que des Sous-officiers ayant six ans de service et quatre ans de grade, à l'exception des élèves de l'école militaire; aux lieutenances, que des Sous-lieutenans ayant dans leur grade quatre ans de service et quatre ans de grade de Sous-lieutenant : aux emplois de Capitaines, que des Officiers ayant au moins huit ans de service et quatre ans de grade de Lieutenant ; aux emplois de Chefs de bataillon ou d'escadron, que des sujets ayant huit ans de service comme Officiers et Capitaines depuis l'an 8.

Les Officiers proposés aux grades de Major ou de Colonel ne reçoivent leurs brevets qu'après avoir commandé devant l'Empereur les manœuvres à la parade, enfin les Officiers d'état-major ne peuvent obtenir de l'avancement qu'après avoir fait, pendant deux ans, le service de leur grade actuel dans un régiment de leur arme.

(2)

Toutes ces dispositions, dont SA MAJESTÉ veut que les principes soient consacrés dans le Code militaire dont elle a ordonné la rédaction, attestent de quelle importance sont à ses yeux le service de la ligne et le choix des Officiers qui doivent y être admis; mais elles n'auraient pas l'effet que l'Empereur a droit d'en attendre, si tout le système de l'avancement n'était pas subordonné aux mêmes principes, et si les corps n'étaient point soumis, pour les nominations qui leur appartiennent, aux conditions que l'Empereur s'est prescrites à lui-même pour les nominations qui sont dévolues à son choix.

Je vous préviens, en conséquence, que l'intention de SA MAJESTÉ est que, provisoirement et en attendant le Code militaire, les nominations à l'élection et à l'ancienneté ne portent que sur des Officiers et Sous-officiers, ayant au moins quatre ans de service dans leur grade, et susceptibles par leur instruction et leur bonne conduite d'occuper un grade supérieur, en se conformant au surplus aux autres dispositions de la loi du 14 germinal an 3, en ce qui ne sera pas contraire aux précédentes dispositions.

Lorsqu'il vaquera dans le régiment un emploi dévolu au tour de l'ancienneté ou à celui de l'élection, et qu'il ne se trouvera dans le corps aucun sujet réunissant les conditions ci-dessus prescrites, vous m'en rendrez compte sur-le-champ; SA MAJESTÉ désignera un Officier ou Sous-officier pris dans un autre régiment de la même arme, parmi ceux ayant quatre années du grade inférieur à celui auquel ils doivent être promus, et qui sera pourvu de l'emploi vacant par un décret de l'Empereur, sans que cette nomination puisse intervertir en aucune manière l'ordre des tours établis dans le régiment.

Dans cette préférence accordée aux anciens services, l'armée verra avec reconnaissance une nouvelle preuve de la sollicitude constante de l'Empereur pour les militaires qui la composent.

Vous voudrez bien, Monsieur, à dater de la présente, vous conformer à ces dispositions, dans les divers mémoires de proposition que vous aurez à me soumettre; vous ne ferez recevoir aucun Officier promu à l'ancienneté ou à l'élection, qu'après avoir reçu l'autorisation que je vous adresserai, lorsqu'il aura été constaté, par l'examen du procès-verbal, que la nomination a été faite d'après les formes que je viens de vous prescrire.

Je vous salue avec considération,

Le Ministre de la Guerre,

Signé M.ᵃˡ BERTHIER.

Pour copie conforme :

Le Général de Brigade Chef de l'État-major général du Gouvernement de Paris et de la première Division militaire,

CÉSAR BERTHIER.

GOUVERNEMENT DE PARIS.
1.re DIVISION MILITAIRE.
ÉTAT-MAJOR GÉNÉRAL.

Au quartier général, à Paris, le 12 Prairial an 13 [1.er Juin 1805].

SERVICE DE L'ÉTAT-MAJOR GÉNÉRAL.

Du 12 au 13 Prairial.

Le Capitaine Adjoint de service à l'État-major général	AUCLER.
Officier de santé de service à l'État-major	POISSON.
Secrétaire de service à l'État-major	DUBOIS.

Du 13 au 14 Prairial.

Le Capitaine Adjoint de service à l'État-major général	FORGEOT.
Officier de santé de service à l'État-major	DANTREVILLE.
Secrétaire de service à l'État-major	BRUNEL.

Rien de nouveau.

Le Général de Brigade Chef de l'État-major général du Gouvernement de Paris et de la première Division militaire,

CÉSAR BERTHIER.

GOUVERNEMENT DE PARIS.

1.re DIVISION MILITAIRE.

ÉTAT-MAJOR GÉNÉRAL.

Au quartier général, à Paris, le 13 Prairial an 13 [2 Juin 1805].

SERVICE DE L'ÉTAT-MAJOR GÉNÉRAL.

Du 13 au 14 Prairial.

Le Capitaine Adjoint de service à l'État-major général.................. FORGEOT.
Officier de santé de service à l'État-major....................... DANTREVILLE.
Secrétaire de service à l'État-major............................... LECLERC.

Du 14 au 15 Prairial.

Le Capitaine Adjoint de service à l'Etat-major général................. GALDEMAR.
Officier de santé de service à l'État-major......................... POISSON.
Secrétaire de service à l'État-major................................ CORBET.

Rien de nouveau.

Le Général de Brigade Chef de l'État-major général du Gouvernement de Paris et de la première Division militaire,

CÉSAR BERTHIER.

GOUVERNEMENT DE PARIS.

1.re *DIVISION MILITAIRE.*
ÉTAT-MAJOR GÉNÉRAL.

Au quartier général, à Paris, le 14 Prairial an 13 [3 Juin 1805].

SERVICE DE L'ÉTAT-MAJOR GÉNÉRAL.

Du 14 au 15 Prairial.

Le Capitaine Adjoint de service à l'Etat-major général.................	GALDEMAR.
Officier de santé de service à l'État-major.........................	POISSON.
Secrétaire de service à l'État-major.............................	CORBET.

Du 15 au 16 Prairial.

Le Capitaine Adjoint de service à l'Etat-major général.................	BOTTEX.
Officier de santé de service à l'État-major.........................	DANTREVILLE.
Secrétaire de service à l'État-major.............................	BRUNEL.

Rien de nouveau.

Le Général de Brigade Chef de l'État-major général du Gouvernement de Paris et de la première Division militaire,

CÉSAR BERTHIER.

GOUVERNEMENT DE PARIS.
1.re DIVISION MILITAIRE.
ÉTAT-MAJOR GÉNÉRAL.

Au quartier général, à Paris, le 15 Prairial an 13 [4 Juin 1805].

SERVICE DE L'ÉTAT-MAJOR GÉNÉRAL.

Du 15 au 16 Prairial.

Le Capitaine Adjoint de service à l'État-major général.................	BOTTEX.
Officier de santé de service à l'État-major........................	DANTREVILLE.
Secrétaire de service à l'État-major.............................	BRUNEL.

Du 16 au 17 Prairial.

Le Capitaine Adjoint de service à l'État-major général.................	AUGIAS.
Officier de santé de service à l'État-major........................	POISSON.
Secrétaire de service à l'État-major.............................	LAMOUREUX.

Rien de nouveau.

Le Général de Brigade Chef de l'État-major général du Gouvernement de Paris et de la première Division militaire,

CÉSAR BERTHIER.

GOUVERNEMENT DE PARIS.

1.re *DIVISION MILITAIRE.*
ÉTAT-MAJOR GÉNÉRAL.

Au quartier général, à Paris, le 16 Prairial an 13 [5 Juin 1805].

SERVICE DE L'ÉTAT-MAJOR GÉNÉRAL.

Du 16 au 17 Prairial.

Le Capitaine Adjoint de service à l'État-major général................	AUGIAS.
Officier de santé de service à l'État-major........................	POISSON.
Secrétaire de service à l'État-major.............................	LAMOUREUX.

Du 17 au 18 Prairial.

Le Capitaine Adjoint de service à l'État-major général................	WATHIEZ.
Officier de santé de service à l'État-major........................	DANTREVILLE.
Secrétaire de service à l'État-major.............................	DUBOIS.

Rien de nouveau.

Le Général de Brigade Chef de l'État-major général du Gouvernement de Paris et de la première Division militaire,

CÉSAR BERTHIER.

GOUVERNEMENT DE PARIS.

1.re DIVISION MILITAIRE.
ÉTAT-MAJOR GÉNÉRAL.

Au quartier général, à Paris, le 17 Prairial an 13 [6 Juin 1805].

SERVICE DE L'ÉTAT-MAJOR GÉNÉRAL.
Du 17 au 18 Prairial.

Le Capitaine Adjoint de service à l'État-major général................	WATHIEZ.
Officier de santé de service à l'État-major........................	DANTREVILLE.
Secrétaire de service à l'État-major.............................	DUBOIS.

Du 18 au 19 Prairial.

Le Capitaine Adjoint de service à l'État-major général................	GUIARDELLE.
Officier de santé de service à l'État-major........................	POISSON.
Secrétaire de service à l'État-major.............................	LECLERC.

ORDRE GÉNÉRAL.

S. A. S. Monseigneur le Prince MURAT, Grand-Amiral de l'Empire, et Maréchal Gouverneur de Paris, en conformité de l'instruction de Monsieur le Maréchal Ministre de la guerre, en date du 5 floréal an 9, fait connaître, par la voie de l'Ordre général, l'Ordonnance de perquisition rendue le 10 de ce mois par M. le Président du 2.e Conseil de guerre séant à Paris, contre le nommé Pierre *Bertheau*, dit *Bontemps*, militaire contumax.

2.e CONSEIL DE GUERRE PERMANENT DE LA 1.re DIVISION MILITAIRE.

Ordonnance de perquisition.

Cejourd'hui dix prairial an treize,

Nous, Jean-Baptiste-Joseph-Noël *Borrel*, Adjudant-Commandant, Officier de la Légion d'honneur, Président du 2.e Conseil de guerre permanent ;

Vu les pièces de la procédure relative au nommé Pierre *Bertheau*, dit *Bontemps*, natif de Chambéry, département du Mont-Blanc, chasseur à cheval au 10.e régiment, traduit au 2.e Conseil de guerre permanent, comme prévenu de vol d'argent envers un particulier, absent et contumax ;

Vu l'acte d'appel en justice, sous la date du premier de ce mois ;

Ordonnons, en vertu de l'article 462 de la loi du 3 brumaire an 4, que perquisition sera faite de la personne dudit *Bertheau*, dit *Bontemps*.

MANDONS et ordonnons de mettre la présente à exécution, laquelle, conformément à l'article 463 de ladite loi, sera publiée et affichée à la porte du Conseil de guerre, et à Chambéry, département du Mont-Blanc, domicile présumé du contumax ;

Ordonnons en outre que copie d'icelle sera transmise à M. le Général Chef de l'État-major général de la Division, à l'effet d'être rendue publique par la voie de l'Ordre du jour ;

Chargeons M. *Vantage*, Rapporteur, de surveiller l'exécution de la présente dans tout son contenu.

Ainsi ordonné, à Paris, les jour, mois et an que dessus, sous notre seing, et scellé du timbre du Conseil. Signé J. B. BORREL.

Pour copie conforme : *Le Greffier du 2.e Conseil de guerre,* LHUILLIER.

Pour copie conforme :

Le Général de Brigade Chef de l'État-major général du Gouvernement de Paris et de la première Division militaire,

CÉSAR BERTHIER.

GOUVERNEMENT DE PARIS.

1.re DIVISION MILITAIRE.
ÉTAT-MAJOR GÉNÉRAL.

Au quartier général, à Paris, le 18 Prairial an 13 [7 Juin 1805].

SERVICE DE L'ÉTAT-MAJOR GÉNÉRAL.

Du 18 au 19 Prairial.

Le Capitaine-Adjoint de service à l'État-major général................	GUIARDELLE.
Officier de santé de service à l'État-major........................	POISSON.
Secrétaire de service à l'État-major.............................	LECLERC.

Du 19 au 20 Prairial.

Le Capitaine-Adjoint de service à l'État-major général................	DELORME.
Officier de santé de service à l'État-major........................	DANTREVILLE.
Secrétaire de service à l'État-major.............................	CORBET.

ORDRE GÉNÉRAL.

Le Général Chef de l'État-major s'empresse à faire connaître aux troupes de la garnison de Paris, la lettre écrite par S. A. S. Monseigneur le Prince MURAT à Monsieur le Colonel du quatrième régiment d'infanterie légère, en témoignage de la satisfaction que lui a donnée ce corps par sa bonne conduite pendant le temps qu'il a été sous ses ordres.

Paris, le 17 Prairial an 13.

La bonne conduite, Monsieur le Colonel, qu'a tenue le 4.e régiment d'infanterie légère, pendant tout le temps qu'il a fait partie de la garnison de Paris, est votre ouvrage, et est due à votre fermeté et au bon esprit des Officiers; je me plais à vous en donner un témoignage de ma satisfaction, et vous prie d'être mon interprète auprès du corps ; elle augmente le regret que le départ de ce brave et sage régiment me fait éprouver, et me porte à desirer que quelque circonstance le ramène un jour sous mes ordres. Je vois avec plaisir que Sa Majesté le récompense de ses services, en lui assignant le poste de l'honneur.

Recevez, Monsieur le Colonel, l'assurance de mon estime particulière.

Le Prince Grand-Amiral de l'Empire, Gouverneur de Paris,
Signé MURAT.

Pour copie conforme :

Le Général de Brigade Chef de l'État-major général du Gouvernement de Paris et de la première Division militaire,
CÉSAR BERTHIER.

GOUVERNEMENT DE PARIS.

1.re *DIVISION MILITAIRE.*
ÉTAT-MAJOR GÉNÉRAL.

Au quartier général, à Paris, le 19 Prairial an 13 [8 Juin 1805].

SERVICE DE L'ÉTAT-MAJOR GÉNÉRAL.

Du 19 au 20 Prairial.

Le Capitaine-Adjoint de service à l'Etat-major général..............	DELORME.
Officier de santé de service à l'État-major.......................	DANTREVILLE.
Secrétaire de service à l'Etat-major.............................	CORBET.

Du 20 au 21 Prairial.

Le Capitaine-Adjoint de service à l'État-major général..............	AUCLER.
Officier de santé de service à l'État-major.......................	POISSON.
Secrétaire de service à l'État-major.............................	

Rien de nouveau.

Le Général de Brigade Chef de l'État-major général du Gouvernement de Paris et de la première Division militaire,

CÉSAR BERTHIER.

GOUVERNEMENT DE PARIS.
1.ʳᵉ *DIVISION MILITAIRE.*
ÉTAT-MAJOR GÉNÉRAL.

Au quartier général, à Paris, le 20 Prairial an 13 [9 Juin 1805].

SERVICE DE L'ÉTAT-MAJOR GÉNÉRAL.

Du 20 au 21 Prairial.

Le Capitaine-Adjoint de service à l'État-major général................	AUCLER.
Officier de santé de service à l'État-major.......................	POISSON.
Secrétaire de service à l'État-major............................	GEORGE.

Du 21 au 22 Prairial.

Le Capitaine-Adjoint de service à l'Etat-major général...............	FORGEOT.
Officier de santé de service à l'État-major.......................	DANTREVILLE.
Secrétaire de service à l'Etat-major............................	BRUNEL.

Rien de nouveau.

Le Général de Brigade Chef de l'État-major général du Gouvernement de Paris et de la première Division militaire,

CÉSAR BERTHIER.

GOUVERNEMENT DE PARIS.

1.ʳᵉ *DIVISION MILITAIRE.*
ÉTAT-MAJOR GÉNÉRAL.

Au quartier général, à Paris, le 21 Prairial an 13 [10 Juin 1805].

SERVICE DE L'ÉTAT-MAJOR GÉNÉRAL.

Du 21 au 22 Prairial.

Le Capitaine-Adjoint de service à l'État-major général..............	Forgeot.
Officier de santé de service à l'État-major.......................	Dantreville.
Secrétaire de service à l'État-major.............................	Brunel.

Du 22 au 23 Prairial.

Le Capitaine-Adjoint de service à l'État-major général..............	Galdemar.
Officier de santé de service à l'État-major.......................	Poisson.
Secrétaire de service à l'État-major.............................	Lamoureux.

Rien de nouveau.

Le Général de Brigade Chef de l'État-major général du Gouvernement de Paris et de la première Division militaire,

César BERTHIER.

GOUVERNEMENT DE PARIS.

1.re *DIVISION MILITAIRE.*
ÉTAT-MAJOR GÉNÉRAL.

Au quartier général, à Paris, le 22 Prairial an 13 [11 Juin 1805].

SERVICE DE L'ÉTAT-MAJOR GÉNÉRAL.

Du 22 au 23 Prairial.

Le Capitaine-Adjoint de service à l'État-major général............... GALDEMAR.
Officier de santé de service à l'État-major........................ POISSON.
Secrétaire de service à l'État-major .... LAMOUREUX.

Du 23 au 24 Prairial.

Le Capitaine-Adjoint de service à l'État-major général............... BOTTEX.
Officier de santé de service à l'État-major........................ DANTREVILLE.
Secrétaire de service à l'État-major .... DUBOIS.

Rien de nouveau.

Le Général de Brigade Chef de l'État-major général du Gouvernement de Paris et de la première Division militaire,

CÉSAR BERTHIER.

GOUVERNEMENT DE PARIS.

1.ʳᵉ *DIVISION MILITAIRE.*
ÉTAT-MAJOR GÉNÉRAL.

Au quartier général, à Paris, le 23 Prairial an 13 [12 Juin 1805].

SERVICE DE L'ÉTAT-MAJOR GÉNÉRAL.

Du 23 au 24 Prairial.

Le Capitaine-Adjoint de service à l'État-major général................	BOTTEX.
Officier de santé de service à l'État-major........................	DANTREVILLE.
Secrétaire de service à l'État-major.............................	DUBOIS.

Du 24 au 25 Prairial.

Le Capitaine-Adjoint de service à l'État-major général................	AUGIAS.
Officier de santé de service à l'État-major........................	POISSON.
Secrétaire de service à l'État-major.............................	BRUNEL.

Rien de nouveau.

Le Général de Brigade Chef de l'État-major général du Gouvernement de Paris et de la première Division militaire,

Cᴇ́sᴀʀ BERTHIER.

GOUVERNEMENT DE PARIS.
1.ʳᵉ *DIVISION MILITAIRE.*
ÉTAT-MAJOR GÉNÉRAL.

Au quartier général, à Paris, le 24 Prairial an 13 [13 Juin 1805].

SERVICE DE L'ÉTAT-MAJOR GÉNÉRAL.

Du 24 au 25 Prairial.

Le Capitaine-Adjoint de service à l'État-major général................	AUGIAS.
Officier de santé de service à l'État-major.......................	POISSON.
Secrétaire de service à l'État-major...........................	BRUNEL.

Du 25 au 26 Prairial.

Le Capitaine-Adjoint de service à l'État-major général................	WATHIEZ.
Officier de santé de service à l'État-major.......................	DANTREVILLE.
Secrétaire de service à l'État-major...........................	CORBET.

Rien de nouveau.

Le Général de Brigade Chef de l'État-major général du Gouvernement de Paris et de la première Division militaire,

Cᴇ́sᴀʀ BERTHIER.

GOUVERNEMENT DE PARIS.

1.re DIVISION MILITAIRE.
ÉTAT-MAJOR GÉNÉRAL.

Au quartier général, à Paris, le 25 Prairial an 13 [14 Juin 1805].

SERVICE DE L'ÉTAT-MAJOR GÉNÉRAL.

Du 25 au 26 Prairial.

Le Capitaine-Adjoint de service à l'État-major général................	WATHIEZ.
Officier de santé de service à l'État-major.........................	DANTREVILLE.
Secrétaire de service à l'État-major...............................	CORBET.

Du 26 au 27 Prairial.

Le Capitaine-Adjoint de service à l'État-major général................	GUIARDELLE.
Officier de santé de service à l'État-major.........................	POISSON.
Secrétaire de service à l'État-major...............................	GEORGE.

Rien de nouveau.

Le Général de Brigade Chef de l'État-major général du Gouvernement de Paris et de la première Division militaire,

CÉSAR BERTHIER.

GOUVERNEMENT DE PARIS.

1.re *DIVISION MILITAIRE.*
ÉTAT-MAJOR GÉNÉRAL.

Au quartier général, à Paris, le 26 Prairial an 13 [15 Juin 1805].

SERVICE DE L'ÉTAT-MAJOR GÉNÉRAL.

Du 26 au 27 Prairial.

Le Capitaine-Adjoint de service à l'État-major général............... GUIARDELLE.
Officier de santé de service à l'État-major...................... POISSON.
Secrétaire de service à l'État-major............................ GEORGE.

Du 27 au 28 Prairial.

Le Capitaine-Adjoint de service à l'État-major général............... DELORME.
Officier de santé de service à l'État-major...................... DANTREVILLE.
Secrétaire de service à l'État-major............................ LECLERC.

Rien de nouveau.

Le Général de Brigade Chef de l'État-major général du Gouvernement de Paris et de la première Division militaire,

CÉSAR BERTHIER.

GOUVERNEMENT DE PARIS.
1.re DIVISION MILITAIRE.
ÉTAT-MAJOR GÉNÉRAL.

Au quartier général, à Paris, le 28 Prairial an 13 [17 Juin 1805].

SERVICE DE L'ÉTAT-MAJOR GÉNÉRAL.

Du 28 au 29 Prairial.

Le Capitaine-Adjoint de service à l'État-major général................	AUCLER.
Officier de santé de service à l'État-major.........................	POISSON.
Secrétaire de service à l'État-major.............................	LAMOUREUX.

Du 29 au 30 Prairial.

Le Capitaine-Adjoint de service à l'État-major général................	FORGEOT.
Officier de santé de service à l'État-major.........................	DANTREVILLE.
Secrétaire de service à l'État-major.............................	DUBOIS.

Rien de nouveau.

Le Général de Brigade Chef de l'État-major général du Gouvernement de Paris et de la première Division militaire,

CÉSAR BERTHIER.

GOUVERNEMENT DE PARIS

ÉTAT-MAJOR GÉNÉRAL

[La quinzaine générale à Paris, ici se terminait au 15 (1er été 1814).]

SERVICES DE L'ÉTAT-MAJOR GÉNÉRAL.

Du 28 au 29 Prairial.

Le Capitaine-Adjoint de service à l'État-major général............... AUGER.
Officier de santé de Service à l'État-major....................... Thouvin.
Officier de service à l'État-major............................... LAMOUREUX.

Du 29 au 30 Prairial.

Le Capitaine-Adjoint de service à l'État-major général............. POUGEON.
Officier de santé de service à l'État-major....................... Davreville.
Officier de service à l'État-major............................... Villeron.

Rien de nouveau.

Le Général de brigade chef de l'État-major général de Gouvernement de Paris
à M. le premier Evêque militaire.

César BERTHIER.

GOUVERNEMENT DE PARIS.
1.re DIVISION MILITAIRE.
ÉTAT-MAJOR GÉNÉRAL.

Au quartier général, à Paris, le 29 Prairial an 13 [18 Juin 1805].

SERVICE DE L'ÉTAT-MAJOR GÉNÉRAL.

Du 29 au 30 Prairial.

Le Capitaine-Adjoint de service à l'État-major général................	FORGEOT.
Officier de santé de service à l'État-major.........................	DANTREVILLE.
Secrétaire de service à l'État-major..............................	BRUNEL.

Du 30 Prairial au 1.er Messidor.

Le Capitaine-Adjoint de service à l'État-major général................	GALDEMAR.
Officier de santé de service à l'État-major.........................	POISSON.
Secrétaire de service à l'État-major..............................	CORBET.

ORDRE GÉNÉRAL.

D'après les ordres de S. A. S. Monseigneur le Prince MURAT, Grand-Amiral de l'Empire, Gouverneur de Paris, le vinaigre sera distribué à toutes les troupes employées dans la 1.re Division militaire, à compter du 1.er Messidor prochain jusqu'au 15 Brumaire suivant, conformément à la circulaire de S. E. le Ministre Directeur de l'administration de la guerre, en date du 30 Messidor an 10. M. le Commissaire ordonnateur est chargé d'assurer l'exécution de cette mesure.

Le Général de Brigade Chef de l'État-major général du Gouvernement de Paris et de la première Division militaire,

CÉSAR BERTHIER.

GOUVERNEMENT DE PARIS.
1.re *DIVISION MILITAIRE.*
ÉTAT-MAJOR GÉNÉRAL.

Au quartier général, à Paris, le 30 Prairial an 13 [19 Juin 1805].

SERVICE DE L'ÉTAT-MAJOR GÉNÉRAL.

Du 30 Prairial au 1.er Messidor.

Le Capitaine-Adjoint de service à l'État-major général................. GALDEMAR.
Officier de santé de service à l'État-major......................... POISSON.
Secrétaire de service à l'État-major .... CORBET.

Du 1.er au 2 Messidor.

Le Capitaine-Adjoint de service à l'État-major général................. BOTTEX.
Officier de santé de service à l'État-major......................... DANTREVILLE.
Secrétaire de service à l'État-major .... GEORGE.

Rien de nouveau.

Le Général de Brigade Chef de l'État-major général du Gouvernement de Paris et de la première Division militaire,
CÉSAR BERTHIER.

GOUVERNEMENT DE PARIS.

1.re *DIVISION MILITAIRE.*
ÉTAT-MAJOR GÉNÉRAL.

Au quartier général, à Paris, le 1.er Messidor an 13 [20 Juin 1805].

SERVICE DE L'ÉTAT-MAJOR GÉNÉRAL.
Du 1.er au 2 Messidor.

Le Capitaine-Adjoint de service à l'État-major général..............	BOTTEX.
Officier de santé de service à l'État-major........................	DANTREVILLE.
Secrétaire de service à l'État-major...............................	GEORGE.

Du 2 au 3 Messidor.

Le Capitaine-Adjoint de service à l'État-major général..............	AUGIAS.
Officier de santé de service à l'État-major........................	POISSON.
Secrétaire de service à l'État-major...............................	LECLERC.

S. A. S. Monseigneur le Prince MURAT, Grand-Amiral de l'Empire, et Maréchal Gouverneur de Paris, en conformité de l'instruction de Monsieur le Maréchal Ministre de la guerre, en date du 5 floréal an 9, fait connaître, par la voie de l'Ordre général, l'Ordonnance de séquestre rendue le 10 prairial par Monsieur le Président du 2.e Conseil de guerre séant à Paris, contre le nommé Pierre *Bertheau,* dit *Bontemps,* militaire contumax.

2.e CONSEIL DE GUERRE PERMANENT DE LA 1.re DIVISION MILITAIRE.

Ordonnance de séquestre.

Ce jourd'hui, 25 prairial an treize,

Nous, Jean-Baptiste-Joseph-Noël *Borrel*, Adjudant-commandant, Officier de la légion d'honneur, Président du 2.e Conseil de guerre ;

Vu l'art. 464 de la loi du 3 brumaire an 4, et notre ordonnance de perquisition en date du 10 de ce mois ;

Ordonnons que le nommé Pierre *Bertheau* dit *Bontemps,* natif de Chambéry, département du Mont-Blanc, chasseur à cheval au 10.e régiment, traduit au 2.e Conseil de guerre permanent, comme prévenu de vol d'argent envers un particulier, absent et contumax, soit déclaré rebelle à la loi ; qu'en conséquence il soit déchu du titre et des droits de citoyen Français ; que ses biens soient et demeurent séquestrés au profit de la République pendant tout le temps de sa contumace ; que toute action en justice lui soit interdite pendant le même temps, et qu'il soit procédé contre lui malgré son absence.

MANDONS et ordonnons de mettre la présente à exécution, laquelle, conformément à l'article 465 de la loi du 3 brumaire, ci-dessus citée, sera publiée et affichée, tant au domicile présumé du contumax, qu'à la porte de l'auditoire du Conseil.

Ordonnons que copie d'icelle sera transmise à M. le Général Chef de l'État-major général, pour être rendue publique par la voie de l'Ordre général de la Division ;

Chargeons M. *Vantage*, Rapporteur, de surveiller l'exécution de la présente dans tout son contenu.

Ainsi ordonné, à Paris, les jour, mois et an que dessus, sous notre seing, et scellé du timbre du Conseil.
Signé à la minute J. B. BORREL.

Pour copie conforme : *Le Greffier du 2.e Conseil de guerre,* LHUILLIER.

Le Général de Brigade Chef de l'État-major général du Gouvernement de Paris et de la première Division militaire,

CÉSAR BERTHIER.

GOUVERNEMENT DE PARIS.
1.re DIVISION MILITAIRE.
ÉTAT-MAJOR GÉNÉRAL.

Au quartier général, à Paris, le 2 Messidor an 13 [21 Juin 1805].

SERVICE DE L'ÉTAT-MAJOR GÉNÉRAL.

Du 2 au 3 Messidor.

Le Capitaine-Adjoint de service à l'État-major général.............	AUGIAS.
Officier de santé de service à l'État-major.....................	POISSON.
Secrétaire de service à l'État-major...........................	LECLERC.

Du 3 au 4 Messidor.

Le Capitaine-Adjoint de service à l'État-major général.............	WATHIEZ.
Officier de santé de service à l'État-major.....................	DANTREVILLE.
Secrétaire de service à l'État-major...........................	LAMOUREUX.

Rien de nouveau.

Le Général de Brigade Chef de l'État-major général du Gouvernement de Paris et de la première Division militaire,

CÉSAR BERTHIER.

GOUVERNEMENT DE PARIS.
1.ʳᵉ DIVISION MILITAIRE.
ÉTAT-MAJOR GÉNÉRAL.

Au quartier général, à Paris, le 3 Messidor an 13 [22 Juin 1805].

SERVICE DE L'ÉTAT-MAJOR GÉNÉRAL.

Du 3 au 4 Messidor.

Le Capitaine-Adjoint de service à l'État-major général............	WATHIEZ.
Officier de santé de service à l'État-major........................	DANTREVILLE.
Secrétaire de service à l'État-major.............................	LAMOUREUX.

Du 4 au 5 Messidor.

Le Capitaine-Adjoint de service à l'État-major général............	GUIARDELLE.
Officier de santé de service à l'État-major........................	POISSON.
Secrétaire de service à l'État-major.............................	BRUNEL.

Rien de nouveau.

Le Général de Brigade Chef de l'État-major général du Gouvernement de Paris et de la première Division militaire,

CÉSAR BERTHIER.

GOUVERNEMENT DE PARIS.
1.re DIVISION MILITAIRE.
ÉTAT-MAJOR GÉNÉRAL.

Au quartier général, à Paris, le 4 Messidor an 13 [23 Juin 1805].

SERVICE DE L'ÉTAT-MAJOR GÉNÉRAL.

Du 4 au 5 Messidor.

Le Capitaine-Adjoint de service à l'État-major général................. GUIARDELLE.
Officier de santé de service à l'État-major....................... POISSON.
Secrétaire de service à l'État-major............................ BRUNEL.

Du 5 au 6 Messidor.

Le Capitaine-Adjoint de service à l'État-major général................. DELORME.
Officier de santé de service à l'État-major....................... DANTREVILLE.
Secrétaire de service à l'État-major............................ CORBET.

EXTRAITS des Jugemens rendus par le 2.e Conseil de guerre de la 1.re Division militaire, pendant le mois de Floréal an 13.

NUMÉROS DES JUGEMENS.	DATES.	NOMS ET PRÉNOMS des INDIVIDUS JUGÉS.	QUALITÉ MILITAIRE ou PROFESSION.	LIEUX de NAISSANCE.	ANALYSE DES JUGEMENS.	
823.	14.	Prudhomme (Joseph)...	Fusilier au 2.e rég. de la garde municipale de Paris.	Proizy, départ. de l'Aisne.	Convaincu de vol d'une nappe chez un marchand de vin, et de tentative de vente de ladite nappe.	Condamné à un an de prison, et, à l'expiration de cette peine, mis à la disposition de l'État-major général, pour être employé selon le bien du service.
824.	Idem.	Sagueney (Henri)......	Fusilier au 1.er rég. de la même garde.	Dijon, départ. de la Côte-d'Or.	Prévenu de vol envers ses camarades et envers des particuliers.	Acquitté des accusations dirigées contre lui, et mis à la disposition de l'État-major général pour être employé selon le bien du service.
825.	Idem.	Rouget (Joseph).......	Fusilier au 18.e régiment de ligne.	Royans, départ. de la Drôme.	Prévenu de désertion à l'intérieur, et d'avoir vendu tous ses effets militaires.	Acquitté de la prévention de vente de ces effets militaires, et renvoyé au Conseil de guerre spécial du régiment, pour y être jugé sur le délit de désertion.
826.	Idem.	Roger (Jean-Louis).....	Vétéran au 10.e régiment.	Courbevoie, dép. de la Seine.	Convaincu de vol envers un particulier.	Condamné à six mois de prison, et, à l'expiration de cette peine, mis à la disposition de S. E. le Ministre de la guerre, pour être employé selon le bien du service.
827.	30.	Verdière (Michel-Auguste), dit Bignaut (Michel-Joseph).	Fusilier au 2.e rég. de la garde de Paris.	Evreux, départ. de l'Eure.	Prévenu de vente d'effets militaires.	Acquitté de l'accusation dirigée contre lui; mais, attendu qu'il appartient au 96.e rég.t d'infanterie de ligne, dont il est déserteur, renvoyé au Conseil de guerre spécial de ce corps.
828.	Idem.	Bouffier, (Melchior).....	Maréch.-des-logis chef au 3.e rég. de cuirassiers.	Allevert, départ. de l'Isère.	Convaincu d'avoir détourné et vendu à son profit, des effets dont il était responsable, et qui appartenaient au corps.	Condamné à un an de prison, à dater du jour du présent jugement, et, à l'expiration de cette peine, renvoyé à son corps pour y reprendre son service.

Total des jugemens rendus par le 2.e Conseil de guerre pendant le mois de Floréal an 13, ci... 6.

Total des individus jugés pendant le même mois par ce Conseil, ci...... { présens 6. contumax 0. } 6.

Pour extraits conformes aux expéditions desdits jugemens :

Le Général de Brigade Chef de l'État-major général du Gouvernement de Paris et de la première Division militaire, CÉSAR BERTHIER.

GOUVERNEMENT DE PARIS.
1.re *DIVISION MILITAIRE.*
ÉTAT-MAJOR GÉNÉRAL.

Au quartier général, à Paris, le 5 Messidor an 13 [24 Juin 1805].

SERVICE DE L'ÉTAT-MAJOR GÉNÉRAL.

Du 5 au 6 Messidor.

Le Capitaine-Adjoint de service à l'État-major général..............	DELORME.
Officier de santé de service à l'État-major........................	DANTREVILLE.
Secrétaire de service à l'État-major..............................	DUBOIS.

Du 6 au 7 Messidor.

Le Capitaine-Adjoint de service à l'État-major général..............	AUCLER.
Officier de santé de service à l'État-major........................	POISSON.
Secrétaire de service à l'État-major..............................	CORBET.

Rien de nouveau.

Le Général de Brigade Chef de l'État-major général du Gouvernement de Paris et de la première Division militaire,

CÉSAR BERTHIER.

GOUVERNEMENT DE PARIS.
1.ʳᵉ DIVISION MILITAIRE.
ÉTAT-MAJOR GÉNÉRAL.

Au quartier général, à Paris, le 6 Messidor an 13 [25 Juin 1805].

SERVICE DE L'ÉTAT-MAJOR GÉNÉRAL.

Du 6 au 7 Messidor.

Le Capitaine-Adjoint de service à l'État-major général................	AUCLER.
Officier de santé de service à l'État-major........................	POISSON.
Secrétaire de service à l'État-major.............................	CORBET.

Du 7 au 8 Messidor.

Le Capitaine-Adjoint de service à l'État-major général................	FORGEOT.
Officier de santé de service à l'État-major........................	DANTREVILLE.
Secrétaire de service à l'État-major.............................	GEORGE.

Rien de nouveau.

Le Général de Brigade Chef de l'État-major général du Gouvernement de Paris et de la première Division militaire,

CÉSAR BERTHIER.

GOUVERNEMENT DE PARIS.
1.re *DIVISION MILITAIRE.*
ÉTAT-MAJOR GÉNÉRAL.

Au quartier général, à Paris, le 7 Messidor an 13 [26 Juin 1805].

SERVICE DE L'ÉTAT-MAJOR GÉNÉRAL.

Du 7 au 8 Messidor.

Le Capitaine-Adjoint de service à l'État-major général...............	FORGEOT.
Officier de santé de service à l'État-major........................	DANTREVILLE.
Secrétaire de service à l'État-major..............................	GEORGE.

Du 8 au 9 Messidor.

Le Capitaine-Adjoint de service à l'État-major général...............	GALDEMAR.
Officier de santé de service à l'État-major........................	POISSON.
Secrétaire de service à l'État-major..............................	LECLERC.

Rien de nouveau.

Le Général de Brigade Chef de l'État-major général du Gouvernement de Paris et de la première Division militaire,

CÉSAR BERTHIER.

GOUVERNEMENT DE PARIS.
1.ʳᵉ DIVISION MILITAIRE.
ÉTAT-MAJOR GÉNÉRAL.

Au quartier général, à Paris, le 8 Messidor an 13 [27 Juin 1805].

SERVICE DE L'ÉTAT-MAJOR GÉNÉRAL.

Du 8 au 9 Messidor.

Le Capitaine-Adjoint de service à l'État-major général............... GALDEMAR.
Officier de santé de service à l'État-major......................... POISSON.
Secrétaire de service à l'État-major................................ LECLERC.

Du 9 au 10 Messidor.

Le Capitaine-Adjoint de service à l'État-major général.............. BOTTEX.
Officier de santé de service à l'État-major......................... DANTREVILLE.
Secrétaire de service à l'État-major................................ LAMOUREUX.

Rien de nouveau.

Le Général de Brigade Chef de l'État-major général du Gouvernement de Paris et de la première Division militaire,

CÉSAR BERTHIER.

GOUVERNEMENT DE PARIS.
1.ʳᵉ DIVISION MILITAIRE.
ÉTAT-MAJOR GÉNÉRAL.

Au quartier général, à Paris, le 9 Messidor an 13 [28 Juin 1805].

SERVICE DE L'ÉTAT-MAJOR GÉNÉRAL.

Du 9 au 10 Messidor.

Le Capitaine-Adjoint de service à l'État-major général................	BOTTEX.
Officier de santé de service à l'État-major........................	DANTREVILLE.
Secrétaire de service à l'État-major.............................	LAMOUREUX.

Du 10 au 11 Messidor.

Le Capitaine-Adjoint de service à l'État-major général................	AUGIAS.
Officier de santé de service à l'État-major........................	POISSON.
Secrétaire de service à l'État-major.............................	BRUNEL.

ORDRE GÉNÉRAL.

MM. les Chefs des Corps de la garnison de Paris sont prévenus que le départ de la seconde partie des Militaires destinés à aller aux eaux de Bourbonne-les-Bains est fixé au 19 du courant, à six heures du matin, et que la visite s'en fera, le 10 du même mois, au Val-de-Grace, où ils sont invités à envoyer ceux de leur Corps qui se trouvent dans le cas de se rendre auxdites eaux.

Le Général de Brigade Chef de l'État-major général du Gouvernement de Paris et de la première Division militaire,

CÉSAR BERTHIER.

GOUVERNEMENT DE PARIS.

ÉTAT-MAJOR GÉNÉRAL.

Du quartier-général, à Paris, le 19 Décembre an 6 [19 Sing chose].

SERVICE DE CE JOUR 20.

Du 9 au 19 Nivôse.

Le Capitaine Y[...] de service à l'État-major général..............Cy[...] Serrier.
Officier de service à l'État-major..........................Cy[...] Desjardins.
Adjoints au Chef à l'État-major..................................Freymann.

Du 10 au 11 Nivôse.

Le Capitaine-Adjoint de service à l'État-major général........Mertin.
Officier de service de l'État-major...........................Portier.
Adjoints au service à l'État-major...........................Iverman.

ORDRE GÉNÉRAL.

Avis. Les Chefs des Corps et Détachemens de la Garnison qui prennent part à la seconde parade, sont obligés de se rendre à l'État-major [...] Brumaire. Les Battaillons [...] se réuniront à six heures du matin, et que la vigilance [...], le 10 du présent mois, an 6 de la République, se sont levés à l'heure que chacun des Corps qui les composent doit se trouver [...] sont armés.

Le Général de Brigade, Chef de l'État-major général du Gouvernement de Paris et de la première Division militaire.

Chr. PRUGNAUT.

GOUVERNEMENT DE PARIS.
1.re DIVISION MILITAIRE.
ÉTAT-MAJOR GÉNÉRAL.

Au quartier général, à Paris, le 10 Messidor an 13 [29 Juin 1805].

SERVICE DE L'ÉTAT-MAJOR GÉNÉRAL.

Du 10 au 11 Messidor.

Le Capitaine-Adjoint de service à l'État-major général..................	AUGIAS.
Officier de santé de service à l'État-major.........................	POISSON.
Secrétaire de service à l'État-major...............................	BRUNEL.

Du 11 au 12 Messidor.

Le Capitaine-Adjoint de service à l'État-major général..................	WATHIEZ.
Officier de santé de service à l'État-major.........................	DANTREVILLE.
Secrétaire de service à l'État-major...............................	DUBOIS.

Rien de nouveau.

Le Général de Brigade Chef de l'État-major général du Gouvernement de Paris et de la première Division militaire,

CÉSAR BERTHIER.

GOUVERNEMENT DE PARIS.

1.re DIVISION MILITAIRE.

ÉTAT-MAJOR GÉNÉRAL.

Au quartier général, à Paris, le 11 Messidor an 13 [30 Juin 1805].

SERVICE DE L'ÉTAT-MAJOR GÉNÉRAL.

Du 11 au 12 Messidor.

Le Capitaine-Adjoint de service à l'État-major général................	WATHIEZ.
Officier de santé de service à l'État-major..........................	DANTREVILLE.
Secrétaire de service à l'État-major................................	DUBOIS.

Du 12 au 13 Messidor.

Le Capitaine-Adjoint de service à l'État-major général................	GUIARDELLE.
Officier de santé de service à l'État-major..........................	POISSON.
Secrétaire de service à l'État-major................................	CORBET.

Rien de nouveau.

Le Général de Brigade Chef de l'État-major général du Gouvernement de Paris et de la première Division militaire,

CÉSAR BERTHIER.

GOUVERNEMENT DE PARIS.

DIVISION MILITAIRE.

ÉTAT-MAJOR GÉNÉRAL.

Au quartier-général, à Paris, le 11 Messidor an 13 [30 Juin 1805.]

SERVICE DE L'ÉTAT-MAJOR-GÉNÉRAL.

Du 11 au 12 Messidor.

Le Capitaine-Adjoint de service à l'Etat-major-général.............. Wurmser.
Officier de santé de service à l'Etat-major.................... Baumgartner.
Ordonnance de service à l'Etat-major...................... Dubois.

Du 12 au 13 Messidor.

Le Capitaine-Adjoint de service à l'Etat-major-général............. Guttentag.
Officier de santé de service à l'Etat-major................... Boisson.
Ordonnance de service à l'Etat-major..................... Gounet.

Rien de nouveau.

Le Général de Brigade, Chef de l'Etat-major général du Gouvernement de Paris
et de la première Division militaire,

César BERTHIER.

GOUVERNEMENT DE PARIS.

1.re DIVISION MILITAIRE.

ÉTAT-MAJOR GÉNÉRAL.

Au quartier général, à Paris, le 12 Messidor an 13 [1.er Juillet 1805].

SERVICE DE L'ÉTAT-MAJOR GÉNÉRAL.

Du 12 au 13 Messidor.

Le Capitaine-Adjoint de service à l'État-major général................. GUIARDELLE.
Officier de santé de service à l'État-major......................... POISSON.
Secrétaire de service à l'État-major............................... CORBET.

Du 13 au 14 Messidor.

Le Capitaine-Adjoint de service à l'Etat-major général................. DELORME.
Officier de santé de service à l'État-major......................... DANTREVILLE.
Secrétaire de service à l'État-major............................... GEORGE.

Rien de nouveau.

Le Général de Brigade Chef de l'État-major général du Gouvernement de Paris et de la première Division militaire,

CÉSAR BERTHIER.

GOUVERNEMENT DE PARIS.
1.re *DIVISION MILITAIRE.*
ÉTAT-MAJOR GÉNÉRAL.

Au quartier général, à Paris, le 13 Messidor an 13 [2 Juillet 1805].

SERVICE DE L'ÉTAT-MAJOR GÉNÉRAL.

Du 13 au 14 Messidor.

Le Capitaine-Adjoint de service à l'Etat-major général	DELORME.
Officier de santé de service à l'État-major	DANTREVILLE.
Secrétaire de service à l'État-major	GEORGE.

Du 14 au 15 Messidor.

Le Capitaine-Adjoint de service à l'État-major général	AUCLER.
Officier de santé de service à l'État-major	POISSON.
Secrétaire de service à l'État-major	LECLERC.

Rien de nouveau.

Le Général de Brigade Chef de l'État-major général du Gouvernement de Paris et de la première Division militaire,

CÉSAR BERTHIER.

GOUVERNEMENT DE PARIS.
1.re DIVISION MILITAIRE.
ÉTAT-MAJOR GÉNÉRAL.

Au quartier général, à Paris, le 14 Messidor an 13 [3 Juillet 1805].

SERVICE DE L'ÉTAT-MAJOR GÉNÉRAL.

Du 14 au 15 Messidor.

Le Capitaine-Adjoint de service à l'État-major général...............	AUCLER.
Officier de santé de service à l'État-major......................	POISSON.
Secrétaire de service à l'État-major........................	LECLERC.

Du 15 au 16 Messidor.

Le Capitaine-Adjoint de service à l'Etat-major général...............	FORGEOT.
Officier de santé de service à l'État-major......................	DANTREVILLE.
Secrétaire de service à l'État-major........................	LAMOUREUX.

Rien de nouveau.

Le Général de Brigade Chef de l'État-major général du Gouvernement de Paris et de la première Division militaire,

CÉSAR BERTHIER.

GOUVERNEMENT DE PARIS.
1.ʳᵉ *DIVISION MILITAIRE.*
ÉTAT-MAJOR GÉNÉRAL.

Au quartier général, à Paris, le 15 Messidor an 13 [4 Juillet 1805].

SERVICE DE L'ÉTAT-MAJOR GÉNÉRAL.

Du 15 au 16 Messidor.

Le Capitaine-Adjoint de service à l'État-major général................. Forgeot.
Officier de santé de service à l'État-major......................... Dantreville.
Secrétaire de service à l'État-major............................... Lamoureux.

Du 16 au 17 Messidor.

Le Capitaine-Adjoint de service à l'État-major général................. Galdemar.
Officier de santé de service à l'État-major......................... Poisson.
Secrétaire de service à l'État-major............................... Brunel.

Rien de nouveau.

Le Général de Brigade Chef de l'État-major général du Gouvernement de Paris et de la première Division militaire,

César BERTHIER.

GOUVERNEMENT DE PARIS.
1.re DIVISION MILITAIRE.
ÉTAT-MAJOR GÉNÉRAL.

Au quartier général, à Paris, le 16 Messidor an 13 [5 Juillet 1805].

SERVICE DE L'ÉTAT-MAJOR GÉNÉRAL.

Du 16 au 17 Messidor.

Le Capitaine-Adjoint de service à l'État-major général.................. GALDEMAR.
Officier de santé de service à l'État-major........................ POISSON.
Secrétaire de service à l'État-major............................. BRUNEL.

Du 17 au 18 Messidor.

Le Capitaine-Adjoint de service à l'Etat-major général................. BOTTEX.
Officier de santé de service à l'État-major........................ DANTREVILLE.
Secrétaire de service à l'État-major............................. DUBOIS.

ORDRE GÉNÉRAL.

Les militaires de la garnison de Paris désignés pour aller aux eaux de Bourbonne, devront être rendus le 19 de ce mois, à six heures du matin, dans la cour du Val-de-Grace, d'où le départ aura lieu. Messieurs les Chefs des corps sont invités à donner leurs ordres en conséquence.

EXTRAITS des Jugemens rendus par le 1.er Conseil de guerre de la 1.re Division militaire, pendant le mois de Prairial an 13.

NUMÉROS DES JUGEMENS.	DATES.	NOMS ET PRÉNOMS des INDIVIDUS JUGÉS.	QUALITÉ MILITAIRE ou PROFESSION.	LIEUX de NAISSANCE.	ANALYSE DES JUGEMENS.	
1828.	2.	Burte (Antoine)	Trompette au 3.e rég. de cuirass.rs	Rigny-Lasalle, dép. de la Meuse.	Convaincu du vol d'une somme de six francs à son camarade.	Condamné à six mois de prison, au bout duquel temps il retournera à son corps pour y continuer son service.
1829.	Idem.	Wouters (Pierre)	Dragon au 3.e régiment.	Tournhaut, dép. des deux Nèthes.	Prévenu de voies de fait envers un brigadier.	Acquitté de l'accusation dirigée contre lui; mais, attendu qu'il a manqué aux égards qu'il devait à son supérieur, condamné, par forme de discipline militaire, à garder prison pendant huit jours, au bout duquel temps il retournera à son corps pour y continuer son service.
1830.	Idem.	Deveste (Nicolas)	Dragon au 15.e régiment.	Gand, départ. de l'Escaut.	Convaincu du vol d'une houpelande sur la voie publique.	Condamné à trois mois de prison, au bout duquel temps il retournera à son corps pour y continuer son service.
1831.	4.	Labattu (Jean-Bertrand)	Grenadier au 40.e rég. d'infanterie de ligne.	Venergue, départ. de la Haute-Garonne.	Prévenu de désertion et de faux.	Acquitté de la prévention de faux établie contre lui, et renvoyé au conseil de guerre spécial de son régiment, pour y être jugé sur le délit de désertion à l'intérieur.

(2)

NUMÉROS des Jugemens.	DATES.	NOMS ET PRÉNOMS des INDIVIDUS JUGÉS.	QUALITÉ MILITAIRE OU PROFESSION.	LIEUX de NAISSANCE.	ANALYSE DES JUGEMENS.	
1832.	4.	Pakler (Jean-Baptiste)	Caporal au 64.e rég. de ligne.	Huningue, dep. du Haut-Rhin.	Prévenu de vol d'argent.	Acquitté, mis en liberté, et renvoyé à son corps.
1833.	Idem.	Offroy (Yves)	Tambour au 4.e rég. d'inf. légère.	Prijal, départ. du Morbihan.	Convaincu de désobéissance.	Condamné, par forme de discipline militaire, à garder prison pendant quatre mois, au bout duquel temps il retournera à son corps pour y continuer son service.
1834.	Idem.	Leroux (François)	Brigadier tambour au 6.e régim. de dragons.	Chapellemoche, dép. de l'Orne.	Idem	Idem à quinze jours de prison, au bout duquel temps il retournera à son corps pour y continuer son service.
1835.	7.	Lemoine (Hyppolite)	Fusilier au 18.e rég. de ligne.	Caen, départ. du Calvados.	Convaincu de désobéissance formelle aux ordres de ses supérieurs.	Condamné à un an de prison, et déclaré incapable de servir dans les armées de l'Empire.
1836.	Idem.	Barra (Gabriel)	Hussard au 3.e régiment.	Montainville, dép. de la Seine.	Convaincu de vol d'argent.	Condamné à six mois de prison, au bout duquel temps il retournera à son corps pour y continuer son service.
1837.	Idem.	Camus (Herblaud)	Fusilier au 1.er rég. de la garde de Paris.	Yvri, départ. de la Seine.	Convaincu d'attentat à la sûreté de deux particuliers, et de voies de fait envers eux.	Condamné à la peine des fers pendant deux années, et à être préalablement dégradé à la tête de la garde assemblée sous les armes.
Idem.	Idem.	Bourgeois (Jacques-Marie)	Idem	Vincennes, dép. de la Seine.	Idem	Idem.
1838.	12.	Hourdé (Louis-Augustin)	Idem	Meaux, dép. de Seine-et-Marne.	Convaincu de faux.	Condamné à la peine des fers pendant cinq années, et à être préalablement dégradé à la tête de la garde assemblée sous les armes.
1839.	Idem.	Eloy (André)	Idem	Paris, départ. de la Seine.	Convaincu de vol envers ses camarades.	Condamné à six années de fers, et à être préalablement dégradé à la tête de la garde assemblée sous les armes.
1840.	18.	Vallet (Alexandre)	Ex-militaire.	Paris, départ. de la Seine.	Prévenu de vol de plomb dans un jardin public, ayant été condamné déjà le 8 thermidor an 7, pour vol dans un cabaret, à la peine de deux ans de prison, et déclaré incapable de servir dans les armées de la République.	Renvoyé, avec toutes les pièces de la procédure, devant la cour de justice criminelle du département de la Seine.
1841.	Idem.	Hertmans (Jean) (contumax.)	Chasseur au 4.e rég. d'inf. légère.	Anvers, dép. des Deux-Nèthes.	Convaincu de voies de fait graves envers son supérieur, et de vol envers ses camarades.	Condamné à la peine de mort.
1842.	Idem.	Belmont (Louis)	Caporal au même corps.	Rheims, dép. de la Marne.	Prévenu de vol et escroquerie.	Acquitté de l'accusation dirigée contre lui, mis en liberté, et renvoyé à son corps.
1843.	Idem.	Martin (Jacques)	Fusilier au 21.e rég. d'infanterie de ligne.	Houdan, dép. de Seine-et-Oise.	Prévenu de provocation à la désertion.	Acquitté de l'accusation dirigée contre lui, mis en liberté, et renvoyé à son corps.

Total des jugemens rendus par le 1.er Conseil de guerre pendant le mois de Prairial an 13, ci.. 16.

Total des individus jugés pendant le même mois par ce Conseil, ci...... { présens 16, contumax 1, } 17.

Pour extraits conformes aux expéditions desdits jugemens ;

Le Général de Brigade Chef de l'État-major général du Gouvernement de Paris et de la première Division militaire, CÉSAR BERTHIER.

GOUVERNEMENT DE PARIS.
1.re DIVISION MILITAIRE.
ÉTAT-MAJOR GÉNÉRAL.

Au quartier général, à Paris, le 17 Messidor an 13 [6 Juillet 1805].

SERVICE DE L'ÉTAT-MAJOR GÉNÉRAL.

Du 17 au 18 Messidor.

Le Capitaine-Adjoint de service à l'Etat-major général................	BOTTEX.
Officier de santé de service à l'État-major..........................	DANTREVILLE.
Secrétaire de service à l'État-major................................	DUBOIS.

Du 18 au 19 Messidor.

Le Capitaine-Adjoint de service à l'État-major général................	AUGIAS.
Officier de santé de service à l'État-major..........................	POISSON.
Secrétaire de service à l'État-major................................	CORBET.

Rien de nouveau.

Le Général de Brigade Chef de l'État-major général du Gouvernement de Paris et de la première Division militaire,

CÉSAR BERTHIER.

GOUVERNEMENT DE PARIS.
1.ʳᵉ DIVISION MILITAIRE.
ÉTAT-MAJOR GÉNÉRAL.

Au quartier général, à Paris, le 18 Messidor an 13 [7 Juillet 1805].

SERVICE DE L'ÉTAT-MAJOR GÉNÉRAL.

Du 18 au 19 Messidor.

Le Capitaine-Adjoint de service à l'État-major général...............	AUGIAS.
Officier de santé de service à l'État-major.......................	POISSON.
Secrétaire de service à l'État-major............................	CORBET.

Du 19 au 20 Messidor.

Le Capitaine-Adjoint de service à l'État-major général...............	WATHIEZ.
Officier de santé de service à l'État-major.......................	DANTREVILLE.
Secrétaire de service à l'État-major............................	GEORGE.

ORDRE GÉNÉRAL.

Extrait du Jugement rendu par le deuxième Conseil de guerre de la 1.ʳᵉ Division militaire, pendant le mois de Prairial an 13.

NUMÉROS DES JUGEMENS.	DATES.	NOMS ET PRÉNOMS des INDIVIDUS JUGÉS.	LEUR GRADE ou PROFESSION.	LIEUX de NAISSANCE.	ANALYSE DES JUGEMENS.	
829.	18.	Gennary (*Placide*).....	Chasseur à pied de la garde royale italienne.	Canso, près Bergame en Italie.	Convaincu d'homicide, et par imprudence, sur la personne du sieur Agasse.	Condamné à un an de prison, à dater du jour de son arrestation, après lequel temps il retournera à son corps pour y continuer son service.

Total des jugemens rendus par le 2.ᵉ Conseil de guerre pendant le mois de Prairial an 13, ci.... 1.

Total des individus jugés pendant le même mois par ce Conseil, ci...... { présent... 1. } 1.
{ contumax. 0. }

Pour extrait conforme à l'expédition dudit jugement :

Le Général de Brigade Chef de l'État-major général du Gouvernement de Paris et de la première Division militaire,

CÉSAR BERTHIER.

GOUVERNEMENT DE PARIS.
1.re DIVISION MILITAIRE.
ÉTAT-MAJOR GÉNÉRAL.

Au quartier général, à Paris, le 19 Messidor an 13 [8 Juillet 1805].

SERVICE DE L'ÉTAT-MAJOR GÉNÉRAL.

Du 19 au 20 Messidor.

Le Capitaine-Adjoint de service à l'Etat-major général............	WATHIEZ.
Officier de santé de service à l'État-major......................	DANTREVILLE.
Secrétaire de service à l'État-major............................	GEORGE.

Du 20 au 21 Messidor.

Le Capitaine-Adjoint de service à l'État-major général...........	GUIARDELLE.
Officier de santé de service à l'État-major.....................	POISSON.
Secrétaire de service à l'État-major............................	LECLERC.

Rien de nouveau.

Le Général de Brigade Chef de l'État-major général du Gouvernement de Paris et de la première Division militaire,

CÉSAR BERTHIER.

GOUVERNEMENT DE PARIS.

1.re *DIVISION MILITAIRE.*
ÉTAT-MAJOR GÉNÉRAL.

Au quartier général, à Paris, le 20 Messidor an 13 [9 Juillet 1805].

SERVICE DE L'ÉTAT-MAJOR GÉNÉRAL.

Du 20 au 21 Messidor.

Le Capitaine-Adjoint de service à l'État-major général..................	GUIARDELLE.
Officier de santé de service à l'État-major.........................	POISSON.
Secrétaire de service à l'État-major............................	LECLERC.

Du 21 au 22 Messidor.

Le Capitaine-Adjoint de service à l'État-major général..................	DELORME.
Officier de santé de service à l'État-major.........................	DANTREVILLE.
Secrétaire de service à l'État-major............................	LAMOUREUX.

Rien de nouveau.

Le Général de Brigade Chef de l'État-major général du Gouvernement de Paris et de la première Division militaire,

CÉSAR BERTHIER.

GOUVERNEMENT DE PARIS.
1.re DIVISION MILITAIRE.
ÉTAT-MAJOR GÉNÉRAL.

Au quartier général, à Paris, le 21 Messidor an 13 [10 Juillet 1805].

SERVICE DE L'ÉTAT-MAJOR GÉNÉRAL.

Du 21 au 22 Messidor.

Le Capitaine-Adjoint de service à l'État-major général...............	Delorme.
Officier de santé de service à l'État-major........................	Dantreville.
Secrétaire de service à l'État-major.............................	Lamoureux.

Du 22 au 23 Messidor.

Le Capitaine-Adjoint de service à l'État-major général...............	Aucler.
Officier de santé de service à l'État-major........................	Poisson.
Secrétaire de service à l'État-major.............................	Brunel.

Rien de nouveau.

Le Général de Brigade Chef de l'État-major général du Gouvernement de Paris et de la première Division militaire,

César BERTHIER.

GOUVERNEMENT DE PARIS.
1.re *DIVISION MILITAIRE.*
ÉTAT-MAJOR GÉNÉRAL.

Au quartier général, à Paris, le 22 Messidor an 13 [11 Juillet 1805].

SERVICE DE L'ÉTAT-MAJOR GÉNÉRAL.

Du 22 au 23 Messidor.

Le Capitaine-Adjoint de service à l'État-major général................ Aucler.
Officier de santé de service à l'État-major........................ Poisson.
Secrétaire de service à l'État-major............................. Lamoureux.

Du 23 au 24 Messidor.

Le Capitaine-Adjoint de service à l'État-major général................ Forgeot.
Officier de santé de service à l'État-major........................ Dantreville.
Secrétaire de service à l'État-major............................. Dubois.

Rien de nouveau.

Le Général de Brigade Chef de l'État-major général du Gouvernement de Paris et de la première Division militaire,

César BERTHIER.

GOUVERNEMENT DE PARIS.
1.re DIVISION MILITAIRE.
ÉTAT-MAJOR GÉNÉRAL.

Au quartier général, à Paris, le 23 Messidor an 13 [12 Juillet 1805].

SERVICE DE L'ÉTAT-MAJOR GÉNÉRAL.

Du 23 au 24 Messidor.

Le Capitaine-Adjoint de service à l'État-major général................	FORGEOT.
Officier de santé de service à l'État-major.......................	DANTREVILLE.
Secrétaire de service à l'État-major.............................	DUBOIS.

Du 24 au 25 Messidor.

Le Capitaine-Adjoint de service à l'Etat-major général................	GALDEMAR.
Officier de santé de service à l'État-major.......................	POISSON.
Secrétaire de service à l'État-major.............................	CORBET.

Rien de nouveau.

Le Général de Brigade Chef de l'État-major général du Gouvernement de Paris et de la première Division militaire,

CÉSAR BERTHIER.

GOUVERNEMENT DE PARIS.
1.re DIVISION MILITAIRE.
ÉTAT-MAJOR GÉNÉRAL.

Au quartier général, à Paris, le 24 Messidor an 13 [13 Juillet 1805].

SERVICE DE L'ÉTAT-MAJOR GÉNÉRAL.

Du 24 au 25 Messidor.

Le Capitaine-Adjoint de service à l'État-major général.................. GALDEMAR.
Officier de santé de service à l'État-major......................... POISSON.
Secrétaire de service à l'État-major............................ CORBET.

Du 25 au 26 Messidor.

Le Capitaine-Adjoint de service à l'État-major général.................. BOTTEX.
Officier de santé de service à l'État-major......................... DANTREVILLE.
Secrétaire de service à l'État-major............................ GEORGE.

Rien de nouveau.

Le Général de Brigade Chef de l'État-major général du Gouvernement de Paris et de la première Division militaire,

CÉSAR BERTHIER.

GOUVERNEMENT DE PARIS.
1.re DIVISION MILITAIRE.
ÉTAT-MAJOR GÉNÉRAL.

Au quartier général, à Paris, le 25 Messidor an 13 [14 Juillet 1805].

SERVICE DE L'ÉTAT-MAJOR GÉNÉRAL.

Du 25 au 26 Messidor.

Le Capitaine-Adjoint de service à l'État-major général...............	BOTTEX.
Officier de santé de service à l'État-major.......................	DANTREVILLE.
Secrétaire de service à l'État-major............................	GEORGE.

Du 26 au 27 Messidor.

Le Capitaine-Adjoint de service à l'État-major général...............	AUGIAS.
Officier de santé de service à l'État-major.......................	POISSON.
Secrétaire de service à l'État-major............................	LECLERC.

Rien de nouveau.

Le Général de Brigade Chef de l'État-major général du Gouvernement de Paris et de la première Division militaire,

CÉSAR BERTHIER.

GOUVERNEMENT DE PARIS.
1.re DIVISION MILITAIRE.
ÉTAT-MAJOR GÉNÉRAL.

Au quartier général, à Paris, le 26 Messidor an 13 [15 Juillet 1805].

SERVICE DE L'ÉTAT-MAJOR GÉNÉRAL.

Du 26 au 27 Messidor.

Le Capitaine-Adjoint de service à l'État-major général................	AUGIAS.
Officier de santé de service à l'État-major.........................	POISSON.
Secrétaire de service à l'État-major...............................	LECLERC.

Du 27 au 28 Messidor.

Le Capitaine-Adjoint de service à l'Etat-major général................	WATHIEZ.
Officier de santé de service à l'État-major.........................	DANTREVILLE.
Secrétaire de service à l'État-major...............................	LAMOUREUX.

Rien de nouveau.

Le Général de Brigade Chef de l'État-major général du Gouvernement de Paris et de la première Division militaire,

CÉSAR BERTHIER.

GOUVERNEMENT DE PARIS.
1.re DIVISION MILITAIRE.
ÉTAT-MAJOR GÉNÉRAL.

Au quartier général, à Paris, le 27 Messidor an 13 [16 Juillet 1805].

SERVICE DE L'ÉTAT-MAJOR GÉNÉRAL.

Du 27 au 28 Messidor.

Le Capitaine-Adjoint de service à l'État-major général	AUCLER.
Officier de santé de service à l'État-major	DANTREVILLE.
Secrétaire de service à l'État-major	LAMOUREUX.

Du 28 au 29 Messidor.

Le Capitaine-Adjoint de service à l'État-major général	GUIARDELLE.
Officier de santé de service à l'État-major	POISSON.
Secrétaire de service à l'État-major	BRUNEL.

Rien de nouveau.

Le Général de Brigade Chef de l'État-major général du Gouvernement de Paris et de la première Division militaire,

CÉSAR BERTHIER.

GOUVERNEMENT DE PARIS.
1.re DIVISION MILITAIRE.
ÉTAT-MAJOR GÉNÉRAL.

Au quartier général, à Paris, le 28 Messidor an 13 [17 Juillet 1805].

SERVICE DE L'ÉTAT-MAJOR GÉNÉRAL.

Du 28 au 29 Messidor.

Le Capitaine-Adjoint de service à l'État-major général................. GUIARDELLE.
Officier de santé de service à l'État-major.......................... POISSON.
Secrétaire de service à l'État-major................................. BRUNEL.

Du 29 au 30 Messidor.

Le Capitaine-Adjoint de service à l'État-major général................ DELORME.
Officier de santé de service à l'État-major.......................... DANTREVILLE.
Secrétaire de service à l'État-major................................. DUBOIS.

Rien de nouveau.

Le Général de Brigade Chef de l'État-major général du Gouvernement de Paris et de la première Division militaire,

CÉSAR BERTHIER.

GOUVERNEMENT DE PARIS.
1.re DIVISION MILITAIRE.
ÉTAT-MAJOR GÉNÉRAL.

Au quartier général, à Paris, le 29 Messidor an 13 [18 Juillet 1805].

SERVICE DE L'ÉTAT-MAJOR GÉNÉRAL.

Du 29 au 30 Messidor.

Le Capitaine-Adjoint de service à l'État-major général	DELORME.
Officier de santé de service à l'État-major	DANTREVILLE.
Secrétaire de service à l'État-major	DUBOIS.

Du 30 Messidor au 1.er Thermidor.

Le Capitaine-Adjoint de service à l'État-major général	WATHIEZ.
Officier de santé de service à l'État-major	POISSON.
Secrétaire de service à l'État-major	CORBET.

Rien de nouveau.

Le Général de Brigade Chef de l'État-major général du Gouvernement de Paris et de la première Division militaire,

CÉSAR BERTHIER.

GOUVERNEMENT DE PARIS.

1.re *DIVISION MILITAIRE.*
ÉTAT-MAJOR GÉNÉRAL.

Au quartier général, à Paris, le 30 Messidor an 13 [19 Juillet 1805].

SERVICE DE L'ÉTAT-MAJOR GÉNÉRAL.

Du 30 Messidor au 1.er Thermidor.

Le Capitaine-Adjoint de service à l'État-major général................	WATHIEZ.
Officier de santé de service à l'État-major.........................	POISSON.
Secrétaire de service à l'État-major...............................	CORBET.

Du 1.er au 2 Thermidor.

Le Capitaine-Adjoint de service à l'État-major général................	FORGEOT.
Officier de santé de service à l'État-major.........................	DANTREVILLE.
Secrétaire de service à l'État-major...............................	GEORGE.

Rien de nouveau.

Le Général de Brigade Chef de l'État-major général du Gouvernement de Paris et de la première Division militaire,

CÉSAR BERTHIER.

GOUVERNEMENT DE PARIS.
1.re DIVISION MILITAIRE.
ÉTAT-MAJOR GÉNÉRAL.

Au quartier général, à Paris, le 1.er Thermidor an 13 [20 Juillet 1805].

SERVICE DE L'ÉTAT-MAJOR GÉNÉRAL.

Du 1.er au 2 Thermidor.

Le Capitaine-Adjoint de service à l'Etat-major général................	FORGEOT.
Officier de santé de service à l'État-major.........................	DANTREVILLE.
Secrétaire de service à l'État-major..............................	GEORGE.

Du 2 au 3 Thermidor.

Le Capitaine-Adjoint de service à l'État-major général...............	GALDEMAR.
Officier de santé de service à l'État-major.........................	POISSON.
Secrétaire de service à l'État-major..............................	LECLERC.

Rien de nouveau.

Le Général de Brigade Chef de l'État-major général du Gouvernement de Paris et de la première Division militaire,

CÉSAR BERTHIER.

GOUVERNEMENT DE PARIS.

1.re *DIVISION MILITAIRE.*
ÉTAT-MAJOR GÉNÉRAL.

Au quartier général, à Paris, le 2 Thermidor an 13 [21 Juillet 1805].

SERVICE DE L'ÉTAT-MAJOR GÉNÉRAL.

Du 2 au 3 Thermidor.

Le Capitaine-Adjoint de service à l'État-major général................	GALDEMAR.
Officier de santé de service à l'État-major........................	POISSON.
Secrétaire de service à l'État-major.............................	LECLERC.

Du 3 au 4 Thermidor.

Le Capitaine-Adjoint de service à l'État-major général................	BOTTEX.
Officier de santé de service à l'État-major........................	DANTREVILLE.
Secrétaire de service à l'État-major.............................	LAMOUREUX.

Rien de nouveau.

Le Général de Brigade Chef de l'État-major général du Gouvernement de Paris et de la première Division militaire,

CÉSAR BERTHIER.

GOUVERNEMENT DE PARIS.
1.re DIVISION MILITAIRE.
ÉTAT-MAJOR GÉNÉRAL.

Au quartier général, à Paris, le 2 Thermidor an 13 [21 Juillet 1805].

SERVICE DE L'ÉTAT-MAJOR GÉNÉRAL.

Du 3 au 4 Thermidor.

Le Capitaine-Adjoint de service à l'État-major général.............	BOTTEX.
Officier de santé de service à l'État-major.......................	DANTREVILLE.
Secrétaire de service à l'État-major.............................	LAMOUREUX.

Du 4 au 5 Thermidor.

Le Capitaine-Adjoint de service à l'État-major général.............	AUGIAS.
Officier de santé de service à l'État-major.......................	POISSON.
Secrétaire de service à l'État-major.............................	BRUNEL.

Rien de nouveau.

Le Général de Brigade Chef de l'État-major général du Gouvernement de Paris et de la première Division militaire,

CÉSAR BERTHIER.

GOUVERNEMENT DE PARIS.
1.ʳᵉ DIVISION MILITAIRE.
ÉTAT-MAJOR GÉNÉRAL.

Au quartier général, à Paris, le 4 Thermidor an 13 [23 Juillet 1805].

SERVICE DE L'ÉTAT-MAJOR GÉNÉRAL.

Du 4 au 5 Thermidor.

Le Capitaine-Adjoint de service à l'Etat-major général................	AUGIAS.
Officier de santé de service à l'État-major........................	POISSON.
Secrétaire de service à l'État-major............................	BRUNEL.

Du 5 au 6 Thermidor.

Le Capitaine-Adjoint de service à l'État-major général................	WATHIEZ.
Officier de santé de service à l'État-major........................	DANTREVILLE.
Secrétaire de service à l'État-major............................	DUBOIS.

Rien de nouveau.

Le Général de Brigade Chef de l'État-major général du Gouvernement de Paris et de la première Division militaire,

CÉSAR BERTHIER.

GOUVERNEMENT DE PARIS.
1.re DIVISION MILITAIRE.
ÉTAT-MAJOR GÉNÉRAL.

Au quartier général, à Paris, le 5 Thermidor an 13 [24 Juillet 1805].

SERVICE DE L'ÉTAT-MAJOR GÉNÉRAL.

Du 5 au 6 Thermidor.

Le Capitaine-Adjoint de service à l'État-major général................. WATHIEZ.
Officier de santé de service à l'État-major......................... DANTREVILLE.
Secrétaire de service à l'État-major................................ DUBOIS.

Du 6 au 7 Thermidor.

Le Capitaine-Adjoint de service à l'État-major général................. GUIARDELLE.
Officier de santé de service à l'État-major......................... POISSON.
Secrétaire de service à l'État-major................................ CORBET.

Rien de nouveau.

Le Général de Brigade Chef de l'État-major général du Gouvernement de Paris et de la première Division militaire,

CÉSAR BERTHIER.

ORDRE DE SERVICE
DE L'ÉTAT-MAJOR GÉNÉRAL.

Au quartier général, à Paris, le 5 Thermidor an 5 [23 juillet 1797].

SERVICE DE L'ÉTAT-MAJOR GÉNÉRAL.

Du 5 au 6 Thermidor.

Le Capitaine-Adjoint de service à l'État-major général............ Véranne.
Officier de santé de service à l'État-major............................ Desprotaux.
Secrétaire de service à l'État-major................................. Dubois.

Du 6 au 7 Thermidor.

Le Capitaine-Adjoint de service à l'État-major général............ Quintenaux.
Officier de santé de service à l'État-major........................... Porcher.
Secrétaire de service à l'État-major................................. Cossart.

Rien de nouveau.

Le Colonel Maréchal-de-Camp chef de l'État-major général de l'Armée de Paris et de la 17ᵉ division militaire,

CHAS-DERTHIER.

GOUVERNEMENT DE PARIS.
1.re DIVISION MILITAIRE.
ÉTAT-MAJOR GÉNÉRAL.

Au quartier général, à Paris, le 6 Thermidor an 13 [25 Juillet 1805].

SERVICE DE L'ÉTAT-MAJOR GÉNÉRAL.

Du 6 au 7 Thermidor.

Le Capitaine-Adjoint de service à l'État-major général................ GUIARDELLE.
Officier de santé de service à l'État-major......................... POISSON.
Secrétaire de service à l'État-major............................... CORBET.

Du 7 au 8 Thermidor.

Le Capitaine-Adjoint de service à l'État-major général................ DELORME.
Officier de santé de service à l'État-major......................... DANTREVILLE.
Secrétaire de service à l'État-major............................... GEORGE.

Rien de nouveau.

Le Général de Brigade Chef de l'État-major général du Gouvernement de Paris et de la première Division militaire,

CÉSAR BERTHIER.

GOUVERNEMENT DE PARIS.

1.re *DIVISION MILITAIRE.*
ÉTAT-MAJOR GÉNÉRAL.

Au quartier général, à Paris, le 7 Thermidor an 13 [26 Juillet 1805].

SERVICE DE L'ÉTAT-MAJOR GÉNÉRAL.

Du 7 au 8 Thermidor.

Le Capitaine-Adjoint de service à l'État-major général............	DELORME.
Officier de santé de service à l'État-major.......................	DANTREVILLE.
Secrétaire de service à l'État-major.............................	GEORGE.

Du 8 au 9 Thermidor.

Le Capitaine-Adjoint de service à l'Etat-major général............	AUCLER.
Officier de santé de service à l'État-major.......................	POISSON.
Secrétaire de service à l'État-major.............................	LECLERC.

Rien de nouveau.

Le Général de Brigade Chef de l'État-major général du Gouvernement de Paris et de la première Division militaire,

CÉSAR BERTHIER.

GOUVERNEMENT DE PARIS.

1.re DIVISION MILITAIRE.
ÉTAT-MAJOR GÉNÉRAL.

Au quartier général, à Paris, le 8 Thermidor an 13 [27 Juillet 1805].

SERVICE DE L'ÉTAT-MAJOR GÉNÉRAL.

Du 8 au 9 Thermidor.

Le Capitaine-Adjoint de service à l'État-major général................	AUCLER.
Officier de santé de service à l'État-major........................	POISSON.
Secrétaire de service à l'État-major.............................	LECLERC.

Du 9 au 10 Thermidor.

Le Capitaine-Adjoint de service à l'État-major général................	FORGEOT.
Officier de santé de service à l'État-major........................	DANTREVILLE.
Secrétaire de service à l'État-major.............................	LAMOUREUX.

ORDRE GÉNÉRAL.

Au quartier-général à Boulogne, le 24 Messidor an 13.

ORDRE du Ministre de la guerre.

Le Ministre de la guerre, dans les revues qu'il a passées des différens corps, a remarqué que dans quelques-uns on s'est écarté des lois et réglemens militaires.

Plusieurs colonels ont fait des changemens à l'uniforme, en supprimant le *passe-poil rouge* aux revers, d'autres en faisant confectionner les poches en long au lieu de l'être en travers.

La plupart des corps ont établi des fifres par compagnie, qui comptent comme soldats et ne sont pas armés, ou ne le sont dans les bataillons de guerre qu'avec des carabines.

Il est des corps qui se permettent d'enrôler des hommes de 15 ou 16 ans.

La plupart des sapeurs des régimens ne sont armés que de haches de parade.

La plupart des baïonnettes ont la pointe cassée, parce qu'on les fait servir de *monte-ressorts*.

Le règlement sur l'uniforme des officiers réformés ou jouissant de la solde de retraite n'est pas strictement exécuté.

Le port et le salut des drapeaux ne se font point d'une manière convenable.

En conséquence, le Ministre de la guerre ordonne que les Commandants en chef des corps d'armée, les Commandans de divisions militaires, les Inspecteurs généraux et les Inspecteurs d'armes, reverront avec attention les lois et réglemens, et tiendront la main à ce qu'aucun militaire à leurs ordres ne s'en écarte.

Les Colonels feront rentrer les fifres dans les compagnies pour y prendre leur rang et leur service de soldat.

Ils sont autorisés à avoir un fifre par compagnie seulement, lorsqu'ils pourront se trouver parmi les enfans de troupe de l'âge de 14 ans.

L'armée ayant des uniformes distincts, tous les corps doivent s'y conformer, et les chefs deviennent responsables des moindres infractions.

Les Généraux vérifieront s'il se trouve dans les corps des hommes enrôlés volontairement au-dessous de 18 ans prescrit par la loi.

Les haches des sapeurs doivent toutes être de bonne trempe et propres à tous les services auxquels elles sont destinées.

Les Colonels doivent plus attentivement surveiller la conservation des baïonnettes, et faire payer par les soldats celles qui se trouveront raccourcies ou cassées par leur faute.

Le drapeau portant l'aigle impériale ne doit point être porté dans une position tout-à-fait verticale, mais un peu inclinée en arrière. Quand le porte-drapeau salue, le drapeau ne s'incline en avant que d'environ quarante-cinq degrés.

Les Généraux commandant en chef les armées, les Généraux commandant les divisions militaires, rendront compte au Ministre de la guerre, le 1.ᵉʳ fructidor prochain, de l'exécution des présentes dispositions.

Le Ministre de la Guerre,
M.ᵃˡ BERTHIER.

Boulogne, le 3 thermidor an 13.

A S. A. S. le Prince MURAT, *Gouverneur de Paris, commandant la 1.ʳᵉ Division militaire.*

MONSEIGNEUR,

J'AI l'honneur de prévenir votre Altesse Sérénissime que le Général *Saint-Laurent* est chargé de l'inspection provisoire des Corps et établissemens d'artillerie situés dans la 1.ʳᵉ Division militaire.

Il doit, aux termes de ses instructions, prendre les ordres de votre Altesse, pour que chacun des Corps qu'il passera en revue soit réuni, autant qu'il sera possible.

Je prie votre Altesse Sérénissime de faire mettre cette disposition à l'ordre de la Division, de faire donner à ce Général tous les renseignemens qu'il pourra lui demander, et de lui procurer toutes les facilités nécessaires pour assurer le succès de ses opérations.

Je la prie également de lui faire donner avis des mouvemens qui pourraient survenir, pendant la tournée de ce Général, parmi les Corps d'artillerie employés dans la Division. Il rendra compte à cet effet de son itinéraire à votre Altesse Sérénissime, que je prie de lui faire rendre, conformément au Décret impérial du 24 messidor an 12, les honneurs dus à son grade, dans les places où il remplira les fonctions dont il est chargé.

Je prie votre Altesse Sérénissime d'agréer l'hommage de mon respect,

Le Ministre de la Guerre,
M.ᵃˡ BERTHIER.

S. A. S. M.ᵍʳ le Prince Murat, grand Amiral de l'Empire, Gouverneur de Paris, recommande à MM. les Généraux et Chefs des corps employés dans la 1.ʳᵉ Division militaire la ponctuelle exécution des dispositions contenues dans les deux lettres de S. E. le Ministre de la guerre, ci-dessus transcrites, chacun en ce qui le concerne.

Le Général de Brigade Chef de l'État-major général du Gouvernement de Paris et de la première Division militaire,

CÉSAR BERTHIER.

GOUVERNEMENT DE PARIS.
1.re DIVISION MILITAIRE.
ÉTAT-MAJOR GÉNÉRAL.

Au quartier général, à Paris, le 9 Thermidor an 13 [28 Juillet 1805].

SERVICE DE L'ÉTAT-MAJOR GÉNÉRAL.

Du 9 au 10 Thermidor.

Le Capitaine-Adjoint de service à l'État-major général.............	FORGEOT.
Officier de santé de service à l'État-major....................	DANTREVILLE.
Secrétaire de service à l'État-major........................	DUBOIS.

Du 10 au 11 Thermidor.

Le Capitaine-Adjoint de service à l'État-major général.............	GALDEMAR.
Officier de santé de service à l'État-major....................	POISSON.
Secrétaire de service à l'État-major........................	BRUNEL.

Rien de nouveau.

Le Général de Brigade Chef de l'État-major général du Gouvernement de Paris et de la première Division militaire,

CÉSAR BERTHIER.

GOUVERNEMENT DE PARIS.
1.ʳᵉ *DIVISION MILITAIRE.*
ÉTAT-MAJOR GÉNÉRAL.

Au quartier général, à Paris, le 10 Thermidor an 13 [29 Juillet 1805].

SERVICE DE L'ÉTAT-MAJOR GÉNÉRAL.

Du 10 au 11 Thermidor.

Le Capitaine-Adjoint de service à l'État-major général...............	GALDEMAR.
Officier de santé de service à l'État-major........................	POISSON.
Secrétaire de service à l'État-major.............................	BRUNEL.

Du 11 au 12 Thermidor.

Le Capitaine-Adjoint de service à l'État-major général...............	BOTTEX.
Officier de santé de service à l'État-major........................	DANTREVILLE.
Secrétaire de service à l'État-major.............................	DUBOIS.

Rien de nouveau.

Le Général de Brigade Chef de l'État-major général du Gouvernement de Paris et de la première Division militaire,

CÉSAR BERTHIER.

GOUVERNEMENT DE PARIS.
1.re DIVISION MILITAIRE.
ÉTAT-MAJOR GÉNÉRAL.

Au quartier général, à Paris, le 11 Thermidor an 13 [30 Juillet 1805].

SERVICE DE L'ÉTAT-MAJOR GÉNÉRAL.

Du 11 au 12 Thermidor.

Le Capitaine-Adjoint de service à l'État-major général................. BOTTEX.
Officier de santé de service à l'État-major......................... DANTREVILLE.
Secrétaire de service à l'État-major............................... DUBOIS.

Du 12 au 13 Thermidor.

Le Capitaine-Adjoint de service à l'Etat-major général................ AUGIAS.
Officier de santé de service à l'État-major......................... POISSON.
Secrétaire de service à l'État-major............................... GEORGE.

Rien de nouveau.

Le Général de Brigade Chef de l'État-major général du Gouvernement de Paris et de la première Division militaire,

CÉSAR BERTHIER.

GOUVERNEMENT DE PARIS.

1.re DIVISION MILITAIRE.
ÉTAT-MAJOR GÉNÉRAL.

Au quartier général, à Paris, le 12 Thermidor an 13 [31 Juillet 1805].

SERVICE DE L'ÉTAT-MAJOR GÉNÉRAL.

Du 12 au 13 Thermidor.

Le Capitaine-Adjoint de service à l'Etat-major général..............	AUGIAS.
Officier de santé de service à l'État-major.......................	POISSON.
Secrétaire de service à l'État-major.............................	GEORGE.

Du 13 au 14 Thermidor.

Le Capitaine-Adjoint de service à l'État-major général..............	WATHIEZ.
Officier de santé de service à l'État-major.......................	DANTREVILLE.
Secrétaire de service à l'État-major.............................	CORBET.

Rien de nouveau.

Le Général de Brigade Chef de l'État-major général du Gouvernement de Paris et de la première Division militaire,

CÉSAR BERTHIER.

GOUVERNEMENT DE PARIS.

1.re DIVISION MILITAIRE.
ÉTAT-MAJOR GÉNÉRAL.

Au quartier général, à Paris, le 13 Thermidor an 13 [1.er Août 1805].

SERVICE DE L'ÉTAT-MAJOR GÉNÉRAL.

Du 13 au 14 Thermidor.

Le Capitaine-Adjoint de service à l'État-major général................	WATHIEZ.
Officier de santé de service à l'État-major.........................	DANTREVILLE.
Secrétaire de service à l'État-major...............................	CORBET.

Du 14 au 15 Thermidor.

Le Capitaine-Adjoint de service à l'Etat-major général...............	GUIARDELLE.
Officier de santé de service à l'État-major.........................	POISSON.
Secrétaire de service à l'État-major...............................	LECLERC.

Rien de nouveau.

Le Général de Brigade Chef de l'État-major général du Gouvernement de Paris et de la première Division militaire,

CÉSAR BERTHIER.

GOUVERNEMENT DE PARIS.
1.re *DIVISION MILITAIRE.*
ÉTAT-MAJOR GÉNÉRAL.

Au quartier général, à Paris, le 14 Thermidor an 13 [2 Août 1805].

SERVICE DE L'ÉTAT-MAJOR GÉNÉRAL.

Du 14 au 15 Thermidor.

Le Capitaine-Adjoint de service à l'Etat-major général...............	GUIARDELLE.
Officier de santé de service à l'État-major.....................	POISSON.
Secrétaire de service à l'État-major.......................	LECLERC.

Du 15 au 16 Thermidor.

Le Capitaine-Adjoint de service à l'État-major général...............	DELORME.
Officier de santé de service à l'État-major.....................	DANTREVILLE.
Secrétaire de service à l'État-major.......................	LAMOUREUX.

Rien de nouveau.

Le Général de Brigade Chef de l'État-major général du Gouvernement de Paris et de la première Division militaire,

CÉSAR BERTHIER.

GOUVERNEMENT DE PARIS.
1.ʳᵉ *DIVISION MILITAIRE.*
ÉTAT-MAJOR GÉNÉRAL.

Au quartier général, à Paris, le 15 Thermidor an 13 [3 Août 1805].

SERVICE DE L'ÉTAT-MAJOR GÉNÉRAL.

Du 15 au 16 Thermidor.

Le Capitaine-Adjoint de service à l'État-major général.............	AUCLER.
Officier de santé de service à l'État-major.....................	DANTREVILLE.
Secrétaire de service à l'État-major...........................	LAMOUREUX.

Du 16 au 17 Thermidor.

Le Capitaine-Adjoint de service à l'État-major général.............	FORGEOT.
Officier de santé de service à l'État-major.....................	POISSON.
Secrétaire de service à l'État-major...........................	BRUNEL.

Rien de nouveau.

Le Général de Brigade Chef de l'État-major général du Gouvernement de Paris et de la première Division militaire,

CÉSAR BERTHIER.

GOUVERNEMENT DE PARIS.
1.re DIVISION MILITAIRE.
ÉTAT-MAJOR GÉNÉRAL.

Au quartier général, à Paris, le 16 Thermidor an 13 [4 Août 1805].

SERVICE DE L'ÉTAT-MAJOR GÉNÉRAL.

Du 16 au 17 Thermidor.

Le Capitaine-Adjoint de service à l'Etat-major général	FORGEOT.
Officier de santé de service à l'État-major	POISSON.
Secrétaire de service à l'État-major	GEORGE.

Du 17 au 18 Thermidor.

Le Capitaine-Adjoint de service à l'État-major général	GALDEMAR.
Officier de santé de service à l'État-major	DANTREVILLE.
Secrétaire de service à l'État-major	DUBOIS.

Rien de nouveau.

Le Général de Brigade Chef de l'État-major général du Gouvernement de Paris et de la première Division militaire,

CÉSAR BERTHIER.

GOUVERNEMENT DE PARIS.
1.re DIVISION MILITAIRE.
ÉTAT-MAJOR GÉNÉRAL.

Au quartier général, à Paris, le 17 Thermidor an 13 [5 Août 1805].

SERVICE DE L'ÉTAT-MAJOR GÉNÉRAL.

Du 17 au 18 Thermidor.

Le Capitaine-Adjoint de service à l'État-major général................	GALDEMAR.
Officier de santé de service à l'État-major........................	DANTREVILLE.
Secrétaire de service à l'État-major..............................	DUBOIS.

Du 18 au 19 Thermidor.

Le Capitaine-Adjoint de service à l'État-major général................	BOTTEX.
Officier de santé de service à l'État-major........................	POISSON.
Secrétaire de service à l'État-major..............................	CORBET.

Rien de nouveau.

Le Général de Brigade Chef de l'État-major général du Gouvernement de Paris et de la première Division militaire,

CÉSAR BERTHIER.

GOUVERNEMENT DE PARIS.
1.re DIVISION MILITAIRE.
ÉTAT-MAJOR GÉNÉRAL.

Au quartier général, à Paris, le 18 Thermidor an 13 [6 Août 1805].

SERVICE DE L'ÉTAT-MAJOR GÉNÉRAL.

Du 18 au 19 Thermidor.

Le Capitaine-Adjoint de service à l'Etat-major général	BOTTEX.
Officier de santé de service à l'État-major	POISSON.
Secrétaire de service à l'État-major	CORBET.

Du 19 au 20 Thermidor.

Le Capitaine-Adjoint de service à l'État-major général	AUGIAS.
Officier de santé de service à l'État-major	DANTREVILLE.
Secrétaire de service à l'État-major	BRUNEL.

Rien de nouveau.

Le Général de Brigade Chef de l'État-major général du Gouvernement de Paris et de la première Division militaire,

CÉSAR BERTHIER.

GOUVERNEMENT DE PARIS.
1.re DIVISION MILITAIRE.
ÉTAT-MAJOR GÉNÉRAL.

Au quartier général, à Paris, le 19 Thermidor an 13 [7 Août 1805].

SERVICE DE L'ÉTAT-MAJOR GÉNÉRAL.

Du 19 au 20 Thermidor.

Le Capitaine-Adjoint de service à l'État-major général................	AUGIAS.
Officier de santé de service à l'État-major.........................	DANTREVILLE.
Secrétaire de service à l'État-major...............................	BRUNEL.

Du 20 au 21 Thermidor.

Le Capitaine-Adjoint de service à l'État-major général................	WATHIEZ.
Officier de santé de service à l'État-major.........................	POISSON.
Secrétaire de service à l'État-major...............................	LECLERC.

EXTRAIT d'un Jugement rendu par le 1.er Conseil de guerre de la 1.re Division militaire, pendant le mois de Messidor an 13.

NUMÉRO DU JUGEMENT.	DATE.	NOMS ET PRÉNOMS de L'INDIVIDU JUGÉ.	QUALITÉ MILITAIRE ou PROFESSION.	LIEUX de NAISSANCE.	ANALYSE DU JUGEMENT.	
1844.	6.	Bernaudet (Pierre-Joseph).	Fusilier au 18.e régim.t de ligne.	Bossens, département de la H.te-Garonne.	Convaincu d'homicide sans préméditation.	Condamné à vingt années de fers et à être préalablement dégradé à la tête de la garde assemblée sous les armes.

TOTAL des jugemens rendus par le 1.er Conseil de guerre pendant le mois de messidor an 13, ci... 1.
TOTAL des individus jugés pendant le même mois par ce Conseil, ci.......... {Présens.. 1.} {Contumax o.} 1.

Pour extrait conforme à l'expédition dudit jugement.

Le Général de Brigade Chef de l'État-major général du Gouvernement de Paris et de la première Division militaire,

CÉSAR BERTHIER.

GOUVERNEMENT DE PARIS.

1.re DIVISION MILITAIRE.

ÉTAT-MAJOR GÉNÉRAL.

Au quartier général, à Paris, le 20 Thermidor an 13 [8 Août 1805].

SERVICE DE L'ÉTAT-MAJOR GÉNÉRAL.

Du 20 au 21 Thermidor.

Le Capitaine-Adjoint de service à l'État-major général.................. WATHIEZ.
Officier de santé de service à l'État-major......................... POISSON.
Secrétaire de service à l'État-major............................... LECLERC.

Du 21 au 22 Thermidor.

Le Capitaine-Adjoint de service à l'État-major général.................. GUIARDELLE.
Officier de santé de service à l'État-major......................... DANTREVILLE.
Secrétaire de service à l'État-major............................... LAMOUREUX.

EXTRAIT des Jugemens rendus par le 2.e Conseil de guerre de la 1.re Division militaire, pendant le mois de Messidor an 13.

NUMÉROS DES JUGEMENS.	DATES.	NOMS ET PRÉNOMS des INDIVIDUS JUGÉS.	QUALITÉ MILITAIRE ou PROFESSION.	LIEUX de NAISSANCE.	ANALYSE DES JUGEMENS.	
830.	24.	Housset (Pierre)........	Vétéran au 10.e régiment.	Senonches, dép.t d'Eure-et-Loir.	Convaincu d'homicide sans préméditation.	Condamné à vingt ans de fers et à être préalablement dégradé à la tête de la garde assemblée sous les armes.
831.	Id.	Réepers (Gérard).......	Fusilier au 34.e régim.t de ligne.	Bruxelles, départ. de la Dyle.	Convaincu de vol.....	Condamné à deux ans de prison et ensuite mis à la disposition de l'État-major général pour être employé selon le bien du service.
832.	Id.	Berry (Claude)..........	Fusilier au 18.e régim.t de ligne.	Puy-d'Ossa, dép.t du Puy-de-Dôme.	Convaincu de vol envers ses camarades.	Condamné à six ans de fers et à être préalablement dégradé à la tête de la garde assemblée sous les armes.

TOTAL des jugemens rendus par le 2.e Conseil de guerre pendant le mois de messidor an 13, ci... 3.
TOTAL des individus jugés pendant le même mois par ce Conseil, ci.......... { Présens..3. } 3.
{ Contumax 0. }

Pour extrait conforme aux expéditions desdits jugemens.

Le Général de Brigade Chef de l'État-major général du Gouvernement de Paris et de la première Division militaire,

CÉSAR BERTHIER.

GOUVERNEMENT DE PARIS.
1.re DIVISION MILITAIRE.
ÉTAT-MAJOR GÉNÉRAL.

Au quartier général, à Paris, le 21 Thermidor an 13 [9 Août 1805].

SERVICE DE L'ÉTAT-MAJOR GÉNÉRAL.
Du 21 au 22 Thermidor.

Le Capitaine-Adjoint de service à l'État-major général............	GUIARDELLE.
Officier de santé de service à l'État-major........................	DANTREVILLE.
Secrétaire de service à l'État-major.............................	LAMOUREUX.

Du 22 au 23 Thermidor.

Le Capitaine-Adjoint de service à l'État-major général............	DELORME.
Officier de santé de service à l'État-major........................	POISSON.
Secrétaire de service à l'État-major.............................	BRUNEL.

ORDRE GÉNÉRAL.

Nouvelle répartition du service entre Messieurs les Commissaires des Guerres employés à Paris.

MESSIEURS.			DOMICILES.
LEFEBVRE-MONTABON.	L'État-Major.. Le Casernement.. La Police des Troupes.................................. La Gendarmerie.. L'Artillerie.. Les fonctions de Commissaire impérial près le Conseil de révision.		A l'État-major, rue des Capucines.
FRADIEL............	Les Routes.. Les Convois militaires.................................. La Police de la Caserne *Rousselet*.....................		Rue S.-Dominique, maison S.-Joseph.
LE PELLETIER.......	La Solde de retraite et Traitement de réforme............ Les Vivres et Fourrages................................ L'Habillement et les Transports de l'intérieur.............		Idem.
ROLLAND...........	Les Hôpitaux............	du Val-de-Grâce.......... de Saint-Denis...........	Au Val-de-Grâce.
	Le Magasin général.........	des Hôpitaux.......... de Pharmacie..........	
	Les Transports directs................................... Les Conseils de guerre..................................		
	Les Maisons d'arrêt de.......	l'Abbaye.............. Montaigu..............	

Nota. Le Commissaire des Guerres *Fournier* ayant ordre de se rendre à la réserve de l'Armée des Côtes de l'Océan, cessera ses fonctions, à Paris, à dater du 21 Thermidor courant.

Le Général de Brigade Chef de l'État-major général du Gouvernement de Paris et de la première Division militaire,

CÉSAR BERTHIER.

GOUVERNEMENT DE PARIS.
1.ʳᵉ DIVISION MILITAIRE.
ÉTAT-MAJOR GÉNÉRAL.

Au quartier général, à Paris, le 22 Thermidor an 13 [10 Août 1805].

SERVICE DE L'ÉTAT-MAJOR GÉNÉRAL.

Du 22 au 23 Thermidor.

Le Capitaine-Adjoint de service à l'État-major général................. Delorme.
Officier de santé de service à l'État-major........................ Poisson.
Secrétaire de service à l'État-major............................. Brunel.

Du 23 au 24 Thermidor.

Le Capitaine-Adjoint de service à l'État-major général................ Aucler.
Officier de santé de service à l'État-major........................ Dantreville.
Secrétaire de service à l'État-major............................. Lamoureux.

Rien de nouveau.

Le Général de Brigade Chef de l'État-major général du Gouvernement de Paris et de la première Division militaire,

César BERTHIER.

GOUVERNEMENT DE PARIS.
1.re DIVISION MILITAIRE.
ÉTAT-MAJOR GÉNÉRAL.

Au quartier général, à Paris, le 23 Thermidor an 13 [11 Août 1805].

SERVICE DE L'ÉTAT-MAJOR GÉNÉRAL.

Du 23 au 24 Thermidor.

Le Capitaine-Adjoint de service à l'État-major général................. Aucler.
Officier de santé de service à l'État-major........................ Dantreville.
Secrétaire de service à l'État-major............................. Lamoureux.

Du 24 au 25 Thermidor.

Le Capitaine-Adjoint de service à l'Etat-major général................. Forgeot.
Officier de santé de service à l'État-major........................ Poisson.
Secrétaire de service à l'État-major............................. Corbet.

Rien de nouveau.

Le Général de Brigade Chef de l'État-major général du Gouvernement de Paris et de la première Division militaire,

César BERTHIER.

ARMÉE DU RHIN

ÉTAT-MAJOR GÉNÉRAL

(Extrait du Régistre des Transactions au 1er Août 1800.)

ÉTAT-MAJOR-GÉNÉRAL.

Du 25 au 29 Thermidor.

Le capitaine Adjoint de service à l'État-major général........... JOCHAM.
Officier en pied de service à l'État-major...................... DAMMARTIN.
Sous lieutenant employé à l'État-major........................ LAMOUREUX.

Du 29 au 15 Thermidor.

Le capitaine Adjoint de service à l'État-major général........... FOUROT.
Officier en pied de service à l'État-major..................... JOUSSON.
Sous-lieutenant employé à l'État-major........................ COQUET.

Tien les bourgaux.

Le Général en chef, Chef de l'État-major général du Gouvernement de Paris
et de la première division militaire.

César BERTHIER.

GOUVERNEMENT DE PARIS.
1.re DIVISION MILITAIRE.
ÉTAT-MAJOR GÉNÉRAL.

Au quartier général, à Paris, le 24 Thermidor an 13 [12 Août 1805].

SERVICE DE L'ÉTAT-MAJOR GÉNÉRAL.

Du 24 au 25 Thermidor.

Le Capitaine-Adjoint de service à l'Etat-major général	FORGEOT.
Officier de santé de service à l'État-major	POISSON.
Secrétaire de service à l'État-major	CORBET.

Du 25 au 26 Thermidor.

Le Capitaine-Adjoint de service à l'État-major général	GALDEMAR.
Officier de santé de service à l'État-major	DANTREVILLE.
Secrétaire de service à l'État-major	GEORGE.

Rien de nouveau.

Le Général de Brigade Chef de l'État-major général du Gouvernement de Paris et de la première Division militaire,

CÉSAR BERTHIER.

GOUVERNEMENT DE PARIS.
1.re DIVISION MILITAIRE.
ÉTAT-MAJOR GÉNÉRAL.

Au quartier général, à Paris, le 25 Thermidor an 13 [13 Août 1805].

SERVICE DE L'ÉTAT-MAJOR GÉNÉRAL.

Du 25 au 26 Thermidor.

Le Capitaine-Adjoint de service à l'État-major général..............	GALDEMAR.
Officier de santé de service à l'État-major........................	DANTREVILLE.
Secrétaire de service à l'État-major..............................	GEORGE.

Du 26 au 27 Thermidor.

Le Capitaine-Adjoint de service à l'Etat-major général..............	BOTTEX.
Officier de santé de service à l'État-major........................	POISSON.
Secrétaire de service à l'État-major..............................	LECLERC.

Rien de nouveau.

    Le Général de Brigade Chef de l'État-major général du Gouvernement de Paris et de la première Division militaire,

CÉSAR BERTHIER.

GOUVERNEMENT DE PARIS.
1.re DIVISION MILITAIRE.
ÉTAT-MAJOR GÉNÉRAL.

Au quartier général, à Paris, le 26 Thermidor an 13 [14 Août 1805].

SERVICE DE L'ÉTAT-MAJOR GÉNÉRAL.

Du 26 au 27 Thermidor.

Le Capitaine-Adjoint de service à l'Etat-major général................	BOTTEX.
Officier de santé de service à l'État-major........................	POISSON.
Secrétaire de service à l'État-major.............................	LECLERC.

Du 27 au 28 Thermidor.

Le Capitaine-Adjoint de service à l'État-major général................	AUGIAS.
Officier de santé de service à l'État-major........................	DANTREVILLE.
Secrétaire de service à l'État-major.............................	LAMOUREUX.

Rien de nouveau.

Le Général de Brigade Chef de l'État-major général du Gouvernement de Paris et de la première Division militaire,

CÉSAR BERTHIER.

GOUVERNEMENT DE PARIS.
1.re *DIVISION MILITAIRE.*
ÉTAT-MAJOR GÉNÉRAL.

Au quartier général, à Paris, le 27 Thermidor an 13 [15 Août 1805].

SERVICE DE L'ÉTAT-MAJOR GÉNÉRAL.

Du 27 au 28 Thermidor.

Le Capitaine-Adjoint de service à l'État-major général...............	AUGIAS.
Officier de santé de service à l'État-major........................	DANTREVILLE.
Secrétaire de service à l'État-major............................	LAMOUREUX.

Du 28 au 29 Thermidor.

Le Capitaine-Adjoint de service à l'État-major général...............	WATHIEZ.
Officier de santé de service à l'État-major........................	POISSON.
Secrétaire de service à l'État-major............................	BRUNEL.

Rien de nouveau.

Le Général de Brigade Chef de l'État-major général du Gouvernement de Paris et de la première Division militaire,

CÉSAR BERTHIER.

GOUVERNEMENT DE PARIS.
1.re DIVISION MILITAIRE.
ÉTAT-MAJOR GÉNÉRAL.

Au quartier général, à Paris, le 28 Thermidor an 13 [16 Août 1805].

SERVICE DE L'ÉTAT-MAJOR GÉNÉRAL.

Du 28 au 29 Thermidor.

Le Capitaine-Adjoint de service à l'État-major général................	WATHIEZ.
Officier de santé de service à l'État-major........................	POISSON.
Secrétaire de service à l'État-major.............................	BRUNEL.

Du 29 au 30 Thermidor.

Le Capitaine-Adjoint de service à l'État-major général................	GUIARDELLE.
Officier de santé de service à l'État-major........................	DANTREVILLE.
Secrétaire de service à l'État-major.............................	DUBOIS.

Rien de nouveau.

Le Général de Brigade Chef de l'État-major général du Gouvernement de Paris et de la première Division militaire,

CÉSAR BERTHIER.

GOUVERNEMENT DE PARIS.
1.ʳᵉ *DIVISION MILITAIRE.*
ÉTAT-MAJOR GÉNÉRAL.

Au quartier général, à Paris, le 29 Thermidor an 13 [17 Août 1805].

SERVICE DE L'ÉTAT-MAJOR GÉNÉRAL.

Du 29 au 30 Thermidor.

Le Capitaine-Adjoint de service à l'État-major général................	GUIARDELLE.
Officier de santé de service à l'État-major........................	DANTREVILLE.
Secrétaire de service à l'État-major.............................	DUBOIS.

Du 30 Thermidor au 1.ᵉʳ Fructidor.

Le Capitaine-Adjoint de service à l'État-major général................	DELORME.
Officier de santé de service à l'État-major........................	POISSON.
Secrétaire de service à l'État-major.............................	CORBET.

Rien de nouveau.

Le Général de Brigade Chef de l'État-major général du Gouvernement de Paris et de la première Division militaire,

CÉSAR BERTHIER.

GOUVERNEMENT DE PARIS.
1.re DIVISION MILITAIRE.
ÉTAT-MAJOR GÉNÉRAL.

Au quartier général, à Paris, le 30 Thermidor an 13 [18 Août 1805].

SERVICE DE L'ÉTAT-MAJOR GÉNÉRAL.

Du 30 Thermidor au 1.er Fructidor.

Le Capitaine-Adjoint de service à l'État-major général.................. DELORME.
Officier de santé de service à l'État-major........................... POISSON.
Secrétaire de service à l'État-major................................. CORBET.

Du 1.er au 2 Fructidor.

Le Capitaine-Adjoint de service à l'État-major général.................. AUCLER.
Officier de santé de service à l'État-major........................... DANTREVILLE.
Secrétaire de service à l'État-major................................. LECLERC.

Rien de nouveau.

Le Général de Brigade Chef de l'État-major général du Gouvernement de Paris et de la première Division militaire,

CÉSAR BERTHIER.

GOUVERNEMENT DE PARIS.
1.re *DIVISION MILITAIRE.*
ÉTAT - MAJOR GÉNÉRAL.

Au quartier général, à Paris, le 1.er Fructidor an 13 [19 Août 1805].

SERVICE DE L'ÉTAT-MAJOR GÉNÉRAL.

Du 1.er au 2 Fructidor.

Le Capitaine-Adjoint de service à l'État-major général.............	AUCLER.
Officier de santé de service à l'État-major........................	DANTREVILLE.
Secrétaire de service à l'État-major.............................	LECLERC.

Du 2 au 3 Fructidor.

Le Capitaine-Adjoint de service à l'Etat-major général.............	FORGEOT.
Officier de santé de service à l'État-major........................	POISSON.
Secrétaire de service à l'État-major.............................	LECLERC.

Rien de nouveau.

Le Général de Brigade Chef de l'État-major général du Gouvernement de Paris et de la première Division militaire,

CÉSAR BERTHIER.

GOUVERNEMENT DE PARIS.
1.re *DIVISION MILITAIRE.*
ÉTAT-MAJOR GÉNÉRAL.

Au quartier général, à Paris, le 2 Fructidor an 13 [20 Août 1805].

SERVICE DE L'ÉTAT-MAJOR GÉNÉRAL.

Du 2 au 3 Fructidor.

Le Capitaine-Adjoint de service à l'État-major général..........	FORGEOT.
Officier de santé de service à l'État-major..........	POISSON.
Secrétaire de service à l'État-major..........	GEORGE.

Du 3 au 4 Fructidor.

Le Capitaine-Adjoint de service à l'État-major général..........	GALDEMAR.
Officier de santé de service à l'État-major..........	DANTREVILLE.
Secrétaire de service à l'État-major..........	LAMOUREUX.

Rien de nouveau.

Le Général de Brigade Chef de l'État-major général du Gouvernement de Paris et de la première Division militaire,

CÉSAR BERTHIER.

GOUVERNEMENT DE PARIS.
1.re DIVISION MILITAIRE.
ÉTAT-MAJOR GÉNÉRAL.

Au quartier général, à Paris, le 3 Fructidor an 13 [21 Août 1805].

SERVICE DE L'ÉTAT-MAJOR GÉNÉRAL.

Du 3 au 4 Fructidor.

Le Capitaine-Adjoint de service à l'État-major général............. GALDEMAR.
Officier de santé de service à l'État-major....................... DANTREVILLE.
Secrétaire de service à l'État-major............................. LAMOUREUX.

Du 4 au 5 Fructidor.

Le Capitaine-Adjoint de service à l'État-major général............ BOTTEX.
Officier de santé de service à l'État-major...................... POISSON.
Secrétaire de service à l'État-major............................. BRUNEL.

Rien de nouveau.

Le Général de Brigade Chef de l'État-major général du Gouvernement de Paris et de la première Division militaire,

CÉSAR BERTHIER.

GOUVERNEMENT DE PARIS.

1.re DIVISION MILITAIRE.

ÉTAT-MAJOR GÉNÉRAL.

Au quartier général, à Paris, le 4 Fructidor an 13 [22 Août 1805].

SERVICE DE L'ÉTAT-MAJOR GÉNÉRAL.

Du 4 au 5 Fructidor.

Le Capitaine-Adjoint de service à l'État-major général	BOTTEX.
Officier de santé de service à l'État-major	POISSON.
Secrétaire de service à l'État-major	BRUNEL.

Du 5 au 6 Fructidor.

Le Capitaine-Adjoint de service à l'État-major général	AUGIAS.
Officier de santé de service à l'État-major	DANTREVILLE.
Secrétaire de service à l'État-major	DUBOIS.

Rien de nouveau.

Le Général de Brigade Chef de l'État-major général du Gouvernement de Paris et de la première Division militaire,

CÉSAR BERTHIER.

GOUVERNEMENT DE PARIS.

1.ʳᵉ DIVISION MILITAIRE.
ÉTAT-MAJOR GÉNÉRAL.

Au quartier général, à Paris, le 5 Fructidor an 13 [23 Août 1805].

SERVICE DE L'ÉTAT-MAJOR GÉNÉRAL.

Du 5 au 6 Fructidor.

Le Capitaine-Adjoint de service à l'État-major général.................. AUGIAS.
Officier de santé de service à l'État-major......................... DANTREVILLE.
Secrétaire de service à l'État-major............................... DUBOIS.

Du 6 au 7 Fructidor.

Le Capitaine-Adjoint de service à l'État-major général.................. WATHIEZ.
Officier de santé de service à l'État-major......................... POISSON.
Secrétaire de service à l'État-major............................... CORBET.

EXTRAIT des Jugemens rendus par le 1.ᵉʳ Conseil de guerre de la 1.ʳᵉ Division militaire, pendant le mois de Thermidor an 13.

NUMÉROS DES JUGEMENS.	DATES.	NOMS ET PRÉNOMS des INDIVIDUS JUGÉS.	QUALITÉ MILITAIRE ou PROFESSION.	LIEUX de NAISSANCE.	ANALYSE DES JUGEMENS.	
1845.	26.	Castagnon (Jean).....	Chasseur au 2.ᵉ régiment d'infanterie légère.	Bordeaux, dép.ᵗ de la Gironde.	Convaincu de désobéissance envers ses Chefs.	Condamné à six mois de prison, au bout duquel temps, il retournera à son corps pour y continuer son service.
1846.	Id.	Roger (Jean-Baptiste)..	Dragon de la Garde municipale de Paris.	Paris, départem.ᵗ de la Seine.	Prévenu de désobéissance et de menaces envers son supérieur.	Acquitté de l'accusation dirigée contre lui, mais condamné, par forme de discipline militaire, à garder prison pendant un mois, au bout duquel temps, il retournera à son corps pour y continuer son service.

TOTAL des jugemens rendus par le 1.ᵉʳ Conseil de guerre de la division pendant le mois de thermidor an 13, ci... 2.
TOTAL des individus jugés pendant le même mois par ce Conseil, ci.......... {Présens.. 2.} 2.
{Contumax 0.}

Pour extrait conforme aux expéditions desdits jugemens.

Le Général de Brigade Chef de l'État-major général du Gouvernement de Paris et de la première Division militaire,

CÉSAR BERTHIER.

GOUVERNEMENT DE PARIS.
1.re DIVISION MILITAIRE.
ÉTAT-MAJOR GÉNÉRAL.

Au quartier général, à Paris, le 6 Fructidor an 13 [24 Août 1805].

SERVICE DE L'ÉTAT-MAJOR GÉNÉRAL.

Du 6 au 7 Fructidor.

Le Capitaine-Adjoint de service à l'État-major général.........	WATHIEZ.
Officier de santé de service à l'État-major.........	POISSON.
Secrétaire de service à l'État-major.........	CORBET.

Du 7 au 8 Fructidor.

Le Capitaine-Adjoint de service à l'État-major général.........	GUIARDELLE.
Officier de santé de service à l'État-major.........	DANTREVILLE.
Secrétaire de service à l'État-major.........	LECLERC.

Le Général de Brigade Chef de l'État-major général du Gouvernement de Paris et de la première Division militaire,

CÉSAR BERTHIER.

GOUVERNEMENT DE PARIS.
1.re *DIVISION MILITAIRE.*
ÉTAT-MAJOR GÉNÉRAL.

Au quartier général, à Paris, le 7 Fructidor an 13 [25 Août 1805].

SERVICE DE L'ÉTAT-MAJOR GÉNÉRAL.

Du 7 au 8 Fructidor.

Le Capitaine-Adjoint de service à l'État-major général............	GUIARDELLE.
Officier de santé de service à l'État-major.....................	DANTREVILLE.
Secrétaire de service à l'État-major...........................	LECLERC.

Du 8 au 9 Fructidor.

Le Capitaine-Adjoint de service à l'État-major général............	DELORME.
Officier de santé de service à l'État-major.....................	POISSON.
Secrétaire de service à l'État-major...........................	DUBOIS.

Rien de nouveau.

Le Général de Brigade Chef de l'État-major général du Gouvernement de Paris et de la première Division militaire,

CÉSAR BERTHIER.

GOUVERNEMENT DE PARIS.
1.re DIVISION MILITAIRE.
ÉTAT-MAJOR GÉNÉRAL.

Au quartier général, à Paris, le 8 Fructidor an 13 [26 Août 1805].

SERVICE DE L'ÉTAT-MAJOR GÉNÉRAL.

Du 8 au 9 Fructidor.

Le Capitaine-Adjoint de service à l'Etat-major général............... AUCLER.
Officier de santé de service à l'État-major........................ POISSON.
Secrétaire de service à l'État-major............................. DUBOIS.

Du 9 au 10 Fructidor.

Le Capitaine-Adjoint de service à l'Etat-major général............... FORGEOT.
Officier de santé de service à l'État-major........................ DANTREVILLE.
Secrétaire de service à l'État-major............................. LAMOUREUX.

Rien de nouveau.

Le Général de Brigade Chef de l'État-major général du Gouvernement de Paris et de la première Division militaire,

CÉSAR BERTHIER.

GOUVERNEMENT DE PARIS.
1.re DIVISION MILITAIRE.
ÉTAT-MAJOR GÉNÉRAL.

Au quartier général, à Paris, le 9 Fructidor an 13 [27 Août 1805].

SERVICE DE L'ÉTAT-MAJOR GÉNÉRAL.

Du 9 au 10 Fructidor.

Le Capitaine-Adjoint de service à l'État-major général................ FORGEOT.
Officier de santé de service à l'État-major....................... DANTREVILLE.
Secrétaire de service à l'État-major............................. LAMOUREUX.

Du 10 au 11 Fructidor.

Le Capitaine-Adjoint de service à l'État-major général................ GALDEMAR.
Officier de santé de service à l'État-major....................... POISSON.
Secrétaire de service à l'État-major............................. BRUNEL.

EXTRAITS des Jugemens rendus par le 2.e Conseil de guerre de la 1.re Division militaire, pendant le mois de Thermidor an 13.

NUMÉROS DES JUGEMENS.	DATES.	NOMS ET PRÉNOMS des INDIVIDUS JUGÉS.	LEUR GRADE ou PROFESSION.	LIEUX de NAISSANCE.	ANALYSE DES JUGEMENS.	
833.	12.	Ploton (Jean)..........	Chasseur au 4.e rég. d'infanterie légère.	Saint-Étienne, dép. de la Loire.	Convaincu de menaces et insultes envers son supérieur.	Condamné à deux ans de prison, à l'expiration de laquelle peine, il sera mis à la disposition de l'état-major général.
834.	Idem.	Brehaudat (Pierre).....	Fusilier au 18.e rég. de ligne.	Bar-sur-Aube, dép. de l'Aube.	Prévenu de vol et de vente de ses effets d'habillement.	Acquitté, mis en liberté, et renvoyé à son corps.
Idem.	Idem.	Bertheau (Pierre), dit Bontemps, (contumax.)	Chasseur à cheval du 10.e régim.	Chambéry, dép. du Mont-Blanc.	Convaincu de vol envers un particulier.	Condamné à quatre ans de prison et au remboursement de la somme volée.

Total des jugemens rendus par le 2.e Conseil de guerre pendant le mois de Thermidor an 13, ci.. 3.

Total des individus jugés pendant le même mois par ce Conseil, ci...... { présens... 2. / contumax. 1. } 3.

Pour extraits conformes aux expéditions desdits jugemens :

Le Général de Brigade Chef de l'État-major général du Gouvernement de Paris et de la première Division militaire,

CÉSAR BERTHIER.

GOUVERNEMENT DE PARIS.
1.re DIVISION MILITAIRE.
ÉTAT-MAJOR GÉNÉRAL.

Au quartier général, à Paris, le 10 Fructidor an 13 [28 Août 1805].

SERVICE DE L'ÉTAT-MAJOR GÉNÉRAL.
Du 10 au 11 Fructidor.

Le Capitaine-Adjoint de service à l'État-major général............	GALDEMAR.
Officier de santé de service à l'État-major...................	POISSON.
Secrétaire de service à l'État-major......................	BRUNEL.

Du 11 au 12 Fructidor.

Le Capitaine-Adjoint de service à l'État-major général............	BOTTEX.
Officier de santé de service à l'État-major...................	DANTREVILLE.
Secrétaire de service à l'État-major......................	DUBOIS.

Boulogne, le 1.er Fructidor an 13.

Le Ministre de la guerre,

Au Général de Division commandant la première Division militaire en l'absence de Son Altesse Sérénissime le Prince MURAT.

On m'a proposé, Monsieur le Général, la question suivante :

Comment sera-t-il pourvu aux places vacantes à l'élection dans les régimens d'infanterie, lorsqu'il ne se trouvera pas dans le bataillon où il vaquera une place, trois candidats réunissant les conditions exigées par la circulaire du 15 floréal ?

Lorsqu'une place de Capitaine, de Lieutenant ou de Sous-lieutenant, vaquera dans un corps d'infanterie au tour de l'élection, trois candidats remplissant les conditions prescrites seront choisis, conformément à la loi, dans le bataillon où la place sera vacante et dans le grade inférieur, et l'un d'eux sera élu.

S'il n'y a dans le bataillon qu'un ou deux candidats réunissant les conditions exigées, les Officiers du bataillon chargés par la loi de présenter les candidats, seront autorisés à choisir sur tout le régiment, et dans le grade compétent, les sujets qui manqueront, pour compléter la liste.

Si on ne trouve dans le régiment qu'un seul sujet remplissant les conditions prescrites, il sera pourvu sans concurrens, de l'emploi vacant, après que le corps y aura été autorisé par vous.

Bien entendu que si dans tout le régiment il n'existe que deux sujets réunissant les conditions exigées, l'élection portera sur l'un d'eux.

Si en prenant sur tout le régiment il ne se trouve aucun candidat susceptible d'être nommé, il m'en sera rendu compte; et sa Majesté nommera, à l'emploi vacant, un sujet pris dans un autre régiment de la même arme, et réunissant toutes les conditions prescrites par la circulaire du 15 floréal, à moins que le régiment n'en désigne un pris dans un autre corps.

Vous voudrez bien donner connaissance de cette décision à tous les corps d'infanterie stationnés dans la division que vous commandez.

Je vous salue avec une considération distinguée.

Le Ministre de la guerre,
M.al BERTHIER.

S. A. S. Monseigneur le Prince Murat, Grand-Amiral de l'Empire, Gouverneur de Paris, recommande à Messieurs les Chefs des corps d'infanterie employés dans la première Division militaire, la ponctuelle exécution des dispositions contenues dans la lettre de S. E. le Ministre de la guerre, ci-dessus transcrite.

Le Général de Brigade Chef de l'État-major général du Gouvernement de Paris et de la première Division militaire,

CÉSAR BERTHIER.

GOUVERNEMENT DE PARIS.
1.re DIVISION MILITAIRE.
ETAT-MAJOR GÉNÉRAL.

Au quartier général, à Paris, le 11 Fructidor an 13 [29 Août 1805].

SERVICE DE L'ÉTAT-MAJOR GÉNÉRAL.

Du 11 au 12 Fructidor.

Le Capitaine-Adjoint de service à l'État-major général...............	BOTTEX.
Officier de santé de service à l'État-major.......................	DANTREVILLE.
Secrétaire de service à l'État-major.............................	DUBOIS.

Du 12 au 13 Fructidor.

Le Capitaine-Adjoint de service à l'Etat-major général...............	AUGIAS.
Officier de santé de service à l'État-major.......................	POISSON.
Secrétaire de service à l'État-major.............................	CORBET.

Rien de nouveau.

Le Général de Brigade Chef de l'État-major général du Gouvernement de Paris et de la première Division militaire,

CÉSAR BERTHIER.

GOUVERNEMENT DE PARIS.
1.re *DIVISION MILITAIRE.*
ÉTAT-MAJOR GÉNÉRAL.

Au quartier général, à Paris, le 12 Fructidor an 13 [30 Août 1805].

SERVICE DE L'ÉTAT-MAJOR GÉNÉRAL.

Du 12 au 13 Fructidor.

Le Capitaine-Adjoint de service à l'État-major général	AUGIAS.
Officier de santé de service à l'État-major	POISSON.
Secrétaire de service à l'État-major	CORBET.

Du 13 au 14 Fructidor.

Le Capitaine-Adjoint de service à l'État-major général	DELORME.
Officier de santé de service à l'État-major	DANTREVILLE.
Secrétaire de service à l'État-major	LECLERC.

Rien de nouveau.

Le Général de Brigade Chef de l'État-major général du Gouvernement de Paris et de la première Division militaire,

CÉSAR BERTHIER.

GOUVERNEMENT DE PARIS.
1.re DIVISION MILITAIRE.
ÉTAT-MAJOR GÉNÉRAL.

Au quartier général, à Paris, le 13 Fructidor an 13 [31 Août 1805].

SERVICE DE L'ÉTAT-MAJOR GÉNÉRAL.

Du 13 au 14 Fructidor.

Le Capitaine-Adjoint de service à l'État-major général............	DELORME.
Officier de santé de service à l'État-major......................	DANTREVILLE.
Secrétaire de service à l'État-major...........................	LECLERC.

Du 14 au 15 Fructidor.

Le Capitaine-Adjoint de service à l'État-major général............	GUIARDEILE.
Officier de santé de service à l'État-major......................	POISSON.
Secrétaire de service à l'État-major...........................	GEORGE.

Rien de nouveau.

Le Général de Brigade Chef de l'État-major général du Gouvernement de Paris et de la première Division militaire,

CÉSAR BERTHIER.

GOUVERNEMENT DE PARIS.

1.ʳᵉ DIVISION MILITAIRE.
ÉTAT-MAJOR GÉNÉRAL.

Au quartier général, à Paris, le 14 Fructidor an 13 [1.ᵉʳ Septembre 1805].

SERVICE DE L'ÉTAT-MAJOR GÉNÉRAL.

Du 14 au 15 Fructidor.

Le Capitaine-Adjoint de service à l'Etat-major général.................. GUIARDELLE.
Officier de santé de service à l'État-major........................ POISSON.
Secrétaire de service à l'État-major............................... GEORGE.

Du 15 au 16 Fructidor.

Le Capitaine-Adjoint de service à l'État-major général................ AUCLER.
Officier de santé de service à l'État-major........................ DANTREVILLE.
Secrétaire de service à l'État-major............................... LAMOUREUX.

Rien de nouveau.

Le Général de Brigade Chef de l'État-major général du Gouvernement de Paris et de la première Division militaire,

CÉSAR BERTHIER.

GOUVERNEMENT DE PARIS.
1.re *DIVISION MILITAIRE.*
ÉTAT-MAJOR GÉNÉRAL.

Au quartier général, à Paris, le 15 Fructidor an 13 [2 Septembre 1805].

SERVICE DE L'ÉTAT-MAJOR GÉNÉRAL.

Du 15 au 16 Fructidor.

Le Capitaine-Adjoint de service à l'État-major général.............	AUCLER.
Officier de santé de service à l'État-major.......................	DANTREVILLE.
Secrétaire de service à l'État-major.............................	LAMOUREUX.

Du 16 au 17 Fructidor.

Le Capitaine-Adjoint de service à l'État-major général.............	FORGEOT.
Officier de santé de service à l'État-major.......................	POISSON.
Secrétaire de service à l'État-major.............................	BRUNEL.

Rien de nouveau.

Le Général de Brigade Chef de l'État-major général du Gouvernement de Paris et de la première Division militaire,

CÉSAR BERTHIER.

GOUVERNEMENT, Ou
DIVISION MILITAIRE.
ÉTAT-MAJOR GÉNÉRAL.

Au quartier général, à Paris, le 15 Fructidor an 13 [2 Septembre 1805].

SERVICE DE L'ÉTAT-MAJOR GÉNÉRAL.

Du 15 au 16 Fructidor.

M. Capitaine-Adjoint de service à l'État-major général............ Auceau.
Officier de santé de service à l'État-major........................ Dainzeville.
Secrétaire de service à l'État-major............................... Labouratux.

Du 16 au 17 Fructidor.

M. Capitaine-Adjoint de service à l'État-major général............ Rocheau.
Officier de santé de service à l'État-major........................ Recau.
Secrétaire de service à l'État-major............................... Laguet.

Rien de nouveau.

Le Général de Division Chef de l'État-major général, Commandant de Paris,
et de la première Division militaire,

Signé, ANDRÉOSSY.

GOUVERNEMENT DE PARIS.
1.re *DIVISION MILITAIRE.*
ÉTAT-MAJOR GÉNÉRAL.

Au quartier général, à Paris, le 16 Fructidor an 13 [3 Septembre 1805].

SERVICE DE L'ÉTAT-MAJOR GÉNÉRAL.

Du 16 au 17 Fructidor.

Le Capitaine-Adjoint de service à l'État-major général................ FORGEOT.
Officier de santé de service à l'État-major......................... POISSON.
Secrétaire de service à l'État-major............................... BRUNEL.

Du 17 au 18 Fructidor.

Le Capitaine-Adjoint de service à l'État-major général................ GALDEMAR.
Officier de santé de service à l'État-major......................... DANTREVILLE.
Secrétaire de service à l'État-major............................... DUBOIS.

Rien de nouveau.

Le Général de Brigade Chef de l'État-major général du Gouvernement de Paris et de la première Division militaire,

CÉSAR BERTHIER.

GOUVERNEMENT DE PARIS.
1.re *DIVISION MILITAIRE.*
ÉTAT-MAJOR GÉNÉRAL.

Au quartier général, à Paris, le 17 Fructidor an 13 [4 Septembre 1805].

SERVICE DE L'ÉTAT-MAJOR GÉNÉRAL.

Du 17 au 18 Fructidor.

Le Capitaine-Adjoint de service à l'État-major général..............	GALDEMAR.
Officier de santé de service à l'État-major.......................	DANTREVILLE.
Secrétaire de service à l'État-major.............................	DUBOIS.

Du 18 au 19 Fructidor.

Le Capitaine-Adjoint de service à l'État-major général..............	BOTTEX.
Officier de santé de service à l'État-major.......................	POISSON.
Secrétaire de service à l'État-major.............................	CORBET.

Rien de nouveau.

Le Général de Brigade Chef de l'État-major général du Gouvernement de Paris et de la première Division militaire,

CÉSAR BERTHIER.

GOUVERNEMENT DE PARIS.
1.re DIVISION MILITAIRE.
ÉTAT-MAJOR GÉNÉRAL.

Au quartier général, à Paris, le 18 Fructidor an 13 [5 Septembre 1805].

SERVICE DE L'ÉTAT-MAJOR GÉNÉRAL.

Du 18 au 19 Fructidor.

Le Capitaine-Adjoint de service à l'État-major général..................	BOTTEX.
Officier de santé de service à l'État-major.........................	POISSON.
Secrétaire de service à l'État-major...............................	CORBET.

Du 19 au 20 Fructidor.

Le Capitaine-Adjoint de service à l'État-major général..................	AUGIAS.
Officier de santé de service à l'État-major.........................	DANTREVILLE.
Secrétaire de service à l'État-major...............................	LECLERC.

ORDRE GÉNÉRAL.

Conformément aux ordres de son Altessse Sérénissime Monseigneur le Prince *Murat*, Grand Amiral de l'Empire, Gouverneur de Paris, M. l'Adjudant commandant *Borrel* est chargé du commandement provisoire des Subdivisions du Loiret et d'Eure-et-Loir, en remplacement de M. le Général de Brigade *Thibault*, qui se rend au corps d'armée commandé, snr le Rhin, par M. le Maréchal *Soult*.

Le Général de Brigade Chef de l'État-major général du Gouvernement de Paris et de la première Division militaire,

CÉSAR BERTHIER.

GOUVERNEMENT DE PARIS.
1.re *DIVISION MILITAIRE.*
ÉTAT-MAJOR GÉNÉRAL.

Au quartier général, à Paris, le 19 Fructidor an 13 [6 Septembre 1805].

SERVICE DE L'ÉTAT-MAJOR GÉNÉRAL.

Du 19 au 20 Fructidor.

Le Capitaine-Adjoint de service à l'État-major général................. GUIARDELLE.
Officier de santé de service à l'État-major......................... DANTREVILLE.
Secrétaire de service à l'État-major............................... LECLERC.

Du 20 au 21 Fructidor.

Le Capitaine-Adjoint de service à l'État-major général................. DELORME.
Officier de santé de service à l'État-major......................... POISSON.
Secrétaire de service à l'État-major............................... GEORGE.

Rien de nouveau.

Le Général de Brigade Chef de l'État-major général du Gouvernement de Paris et de la première Division militaire,

CÉSAR BERTHIER.

ÉTAT-MAJOR GÉNÉRAL

Au quartier général à Lahr, le 1er Septembre 1870.

SERVICE DE L'ÉTAT-MAJOR GÉNÉRAL

Du 1er au 15 Septembre.

Le Capitaine-Adjoint de service à l'État-major général .... Ocana k.k.
Officier de santé de service à l'État-major .... Docteur ..
Secrétaire de service à l'État-major .... à choisir.

Du 16 au 30 Septembre.

Le Capitaine-Adjoint de service à l'État-major général ...... Dumas..
Officier de santé de service à l'État-major .... "Werner"
Secrétaire de service à l'État-major .... Oppen..

Rien de nouveau.

GOUVERNEMENT DE PARIS.

1.re *DIVISION MILITAIRE.*
ÉTAT-MAJOR GÉNÉRAL.

Au quartier général, à Paris, le 20 Fructidor an 13 [7 Septembre 1805].

SERVICE DE L'ÉTAT-MAJOR GÉNÉRAL.

Du 20 au 21 Fructidor.

Le Capitaine-Adjoint de service à l'État-major général.................. DELORME.
Officier de santé de service à l'État-major........................ POISSON.
Secrétaire de service à l'État-major................................ GEORGE.

Du 21 au 22 Fructidor.

Le Capitaine-Adjoint de service à l'État-major général.................. AUCLER.
Officier de santé de service à l'État-major........................ DANTREVILLE.
Secrétaire de service à l'État-major................................ LAMOUREUX.

ORDRE GÉNÉRAL.

MM. les Généraux *Thiébault* Commandant les Subdivisions du Loiret et d'Eure-et-Loir, *Lucotte*, commandant la Subdivision de l'Oise, et l'Adjudant-Commandant *Dufour*, commandant la Subdivision de l'Aisne, ayant reçu l'ordre de se rendre à différens corps d'armée, S. A. S. le Prince *Murat*, Grand Amiral, Gouverneur de Paris, a décidé que le commandement du département du Loiret serait provisoirement réuni à celui de Seine-et-Marne, sous les ordres de M. le Général *Chanez*. La Subdivision d'Eure-et-Loir sera réunie de même, sous les ordres de M. le Général *Charlot*, au commandement de Seine-et-Oise; M. le Colonel *Chanteclair*, Directeur d'artillerie à Lafère, remplacera M. l'Adjudant-Commandant *Dufour* dans le commandement de l'Aisne; et M. *Debon*, officier supérieur attaché à l'État-Major, remplacera aussi provisoirement M. le Général *Lucotte* dans le commandement de l'Oise. M. l'Adjudant-Commandant *Girard*, sous-chef de l'État-major partant aussi pour l'armée, est remplacé dans ses fonctions audit État-major par M. l'Adjudant-Commandant *Borrel*.

Le Général de Brigade Chef de l'État-major général du Gouvernement de Paris et de la première Division militaire,

CÉSAR BERTHIER.

GOUVERNEMENT DE PARIS.

1.re DIVISION MILITAIRE.
ÉTAT-MAJOR GÉNÉRAL.

Au quartier général, à Paris, le 21 Fructidor an 13 [8 Septembre 1805].

SERVICE DE L'ÉTAT-MAJOR GÉNÉRAL.

Du 21 au 22 Fructidor.

Le Capitaine-Adjoint de service à l'État-major général................ AUCLER.
Officier de santé de service à l'État-major......................... DANTREVILLE.
Secrétaire de service à l'État-major............................... LAMOUREUX.

Du 22 au 23 Fructidor.

Le Capitaine-Adjoint de service à l'État-major général................ FORGEOT.
Officier de santé de service à l'État-major......................... POISSON.
Secrétaire de service à l'État-major............................... BRUNEL.

Rien de nouveau.

Le Général de Brigade Chef de l'État-major général du Gouvernement de Paris et de la première Division militaire,

CÉSAR BERTHIER.

GOUVERNEMENT DE PARIS.

1.re *DIVISION MILITAIRE.*
ÉTAT-MAJOR GÉNÉRAL.

Au quartier général, à Paris, le 22 Fructidor an 13 [9 Septembre 1805].

SERVICE DE L'ÉTAT-MAJOR GÉNÉRAL.

Du 22 au 23 Fructidor.

Le Capitaine-Adjoint de service à l'État-major général	FORGEOT.
Officier de santé de service à l'État-major	POISSON.
Secrétaire de service à l'État-major	BRUNEL.

Du 23 au 24 Fructidor.

Le Capitaine-Adjoint de service à l'État-major général	GALDEMAR.
Officier de santé de service à l'État-major	DANTREVILLE.
Secrétaire de service à l'État-major	DUBOIS.

Rien de nouveau.

Le Général de Brigade Chef de l'État-major général du Gouvernement de Paris et de la première Division militaire,

CÉSAR BERTHIER.

ARMÉE DE RÉSERVE.

ORDRE GÉNÉRAL.

[au quartier général] [9 September 1805].

ÉTAT-MAJOR GÉNÉRAL.

Jonchi.
Portau.
Baori.

Gardenia.
Dama del.
Tigris.

Le Commandant de place

DERTILIER.

GOUVERNEMENT DE PARIS.
1.re DIVISION MILITAIRE.
ÉTAT-MAJOR GÉNÉRAL.

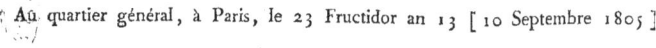

Au quartier général, à Paris, le 23 Fructidor an 13 [10 Septembre 1805].

SERVICE DE L'ÉTAT-MAJOR GÉNÉRAL.

Du 23 au 24 Fructidor.

Le Capitaine-Adjoint de service à l'État-major général.	GALDEMAR.
Officier de santé de service à l'État-major.	DANTREVILLE.
Secrétaire de service à l'État-major.	DUBOIS.

Du 24 au 25 Fructidor.

Le Capitaine-Adjoint de service à l'État-major général.	AUGIAS.
Officier de santé de service à l'État-major.	POISSON.
Secrétaire de service à l'État-major.	CORBET.

Rien de nouveau.

Le Général de Brigade Chef de l'État-major général du Gouvernement de Paris et de la première Division militaire,

CÉSAR BERTHIER.

GOUVERNEMENT DE PARIS.

1.ʳᵉ DIVISION MILITAIRE.
ÉTAT-MAJOR GÉNÉRAL.

Au quartier général, à Paris, le 24 Fructidor an 13 [11 Septembre 1805].

SERVICE DE L'ÉTAT-MAJOR GÉNÉRAL.

Du 24 au 25 Fructidor.

Le Capitaine-Adjoint de service à l'État-major général	BOTTEX.
Officier de santé de service à l'État-major	POISSON.
Secrétaire de service à l'État-major	CORBET.

Du 25 au 26 Fructidor.

Le Capitaine-Adjoint de service à l'État-major général	AUGIAS.
Officier de santé de service à l'État-major	DANTREVILLE.
Secrétaire de service à l'État-major	LECLERC.

Rien de nouveau.

Le Général de Brigade Chef de l'État-major général du Gouvernement de Paris et de la première Division militaire,

CÉSAR BERTHIER.

GOUVERNEMENT DE PARIS.
1.re *DIVISION MILITAIRE.*
ÉTAT-MAJOR GÉNÉRAL.

Au quartier général, à Paris, le 25 Fructidor an 13 [12 Septembre 1805].

SERVICE DE L'ÉTAT-MAJOR GÉNÉRAL.

Du 25 au 26 Fructidor.

Le Capitaine-Adjoint de service à l'État-major général............	AUCLER.
Officier de santé de service à l'État-major.......................	DANTREVILLE.
Secrétaire de service à l'État-major.............................	LECLERC.

Du 26 au 27 Fructidor.

Le Capitaine-Adjoint de service à l'État-major général............	GUIARDELLE.
Officier de santé de service à l'État-major.......................	POISSON.
Secrétaire de service à l'État-major.............................	GEORGE.

Rien de nouveau.

Le Général de Brigade Chef de l'État-major général du Gouvernement de Paris et de la première Division militaire,

CÉSAR BERTHIER.

GOUVERNEMENT DE PARIS.

1.re DIVISION MILITAIRE.
ÉTAT-MAJOR GÉNÉRAL.

Au quartier général, à Paris, le 26 Fructidor an 13 [13 Septembre 1805].

SERVICE DE L'ÉTAT-MAJOR GÉNÉRAL.

Du 26 au 27 Fructidor.

Le Capitaine-Adjoint de service à l'État-major général................	GUIARDELLE.
Officier de santé de service à l'État-major.........................	POISSON.
Secrétaire de service à l'État-major...............................	GEORGE.

Du 27 au 28 Fructidor.

Le Capitaine-Adjoint de service à l'État-major général................	DELORME.
Officier de santé de service à l'État-major.........................	DANTREVILLE.
Secrétaire de service à l'État-major...............................	LAMOUREUX.

Rien de nouveau.

Le Général de Brigade Chef de l'État-major général du Gouvernement de Paris et de la première Division militaire,

CÉSAR BERTHIER.

GOUVERNEMENT DE PARIS.
1.ʳᵉ DIVISION MILITAIRE.
ÉTAT-MAJOR GÉNÉRAL.

Au quartier général, à Paris, le 27 Fructidor an 13 [14 Septembre 1805].

SERVICE DE L'ÉTAT-MAJOR GÉNÉRAL.

Du 27 au 28 Fructidor.

Le Capitaine-Adjoint de service à l'État-major général.................... DELORME.
Officier de santé de service à l'État-major........................ DANTREVILLE.
Secrétaire de service à l'État-major............................... LAMOUREUX.

Du 28 au 29 Fructidor.

Le Capitaine-Adjoint de service à l'État-major général.................... AUGIAS.
Officier de santé de service à l'État-major........................ POISSON.
Secrétaire de service à l'État-major............................... BRUNEL.

Rien de nouveau.

Le Général de Brigade Chef de l'État-major général du Gouvernement de Paris et de la première Division militaire,

CÉSAR BERTHIER.

GOUVERNEMENT DE PARIS.

1.re DIVISION MILITAIRE.
ÉTAT-MAJOR GÉNÉRAL.

Au quartier général, à Paris, le 28 Fructidor an 13 [15 Septembre 1805].

SERVICE DE L'ÉTAT-MAJOR GÉNÉRAL.

Du 28 au 29 Fructidor.

Le Capitaine-Adjoint de service à l'État-major général.................. AUGIAS.
Officier de santé de service à l'État-major.......................... POISSON.
Secrétaire de service à l'État-major................................ BRUNEL.

Du 29 au 30 Fructidor.

Le Capitaine-Adjoint de service à l'État-major général.................. FORGEOT.
Officier de santé de service à l'État-major.......................... DANTREVILLE.
Secrétaire de service à l'État-major................................ DUBOIS.

Rien de nouveau.

Le Général de Brigade Chef de l'État-major général du Gouvernement de Paris et de la première Division militaire,

CÉSAR BERTHIER.

GOUVERNEMENT DE PARIS.

1.re DIVISION MILITAIRE.
ÉTAT-MAJOR GÉNÉRAL.

Au quartier général, à Paris, le 29 Fructidor an 13 [16 Septembre 1805].

SERVICE DE L'ÉTAT-MAJOR GÉNÉRAL.

Du 29 au 30 Fructidor.

Le Capitaine-Adjoint de service à l'État-major général.........	FORGEOT.
Officier de santé de service à l'État-major.........	DANTREVILLE.
Secrétaire de service à l'État-major.........	DUBOIS.

Du 30 au 1.er Complémentaire.

Le Capitaine-Adjoint de service à l'État-major général.........	GUIARDELLE.
Officier de santé de service à l'État-major.........	POISSON.
Secrétaire de service à l'État-major.........	CORBET.

Rien de nouveau.

Le Général de Brigade Chef de l'État-major général du Gouvernement de Paris et de la première Division militaire,

CÉSAR BERTHIER.

GOUVERNEMENT DE PARIS.
1.ʳᵉ *DIVISION MILITAIRE.*
ÉTAT - MAJOR GÉNÉRAL.

Au quartier général, à Paris, le 30 Fructidor an 13 [17 Septembre 1805].

SERVICE DE L'ÉTAT-MAJOR GÉNÉRAL.

Du 30 Fructidor au 1.ᵉʳ jour Complémentaire.

Le Capitaine-Adjoint de service à l'État-major général...............	GALDEMAR.
Officier de santé de service à l'État-major........................	POISSON.
Secrétaire de service à l'État-major..............................	CORBET.

Du 1.ᵉʳ au 2.ᵉ jour Complémentaire.

Le Capitaine-Adjoint de service à l'État-major général...............	AUGIAS.
Officier de santé de service à l'État-major........................	DANTREVILLE.
Secrétaire de service à l'État-major..............................	LECLERC.

Rien de nouveau.

Le Général de Brigade Chef de l'État-major général du Gouvernement de Paris et de la première Division militaire,

CÉSAR BERTHIER.

ARMÉE DE MAXIMILIEN

ÉTAT-MAJOR GÉNÉRAL

Au Quartier-général à Paris, le 30 Fructidor an 13 (17 Septembre 1805).

ORDRE DE L'ÉTAT-MAJOR-GÉNÉRAL.

Du 30 Fructidor au 1.er Jour Complémentaire.

Les Officiers de service à l'État-major général............... OUDINOT.
Officier de faction de service à l'État-major.................. POMME.
Secrétaire de service à l'État-major.......................... COUZET.

Du 1.er au 2.e Jour Complémentaire.

Les Officiers de service à l'État-major général............... AUDIAS.
Officier de faction de service à l'État-major.................. DAUBENTON.
Secrétaire de service à l'État-major.......................... LAURIER.

Suite de l'Ordre...

Officier de service Chef de l'État-major général des du Gouvernement cb-ap-
.... le Chef de l'État-major-général en chef,

ALEX. BERTHIER.

GOUVERNEMENT DE PARIS.
1.re DIVISION MILITAIRE.
ÉTAT-MAJOR GÉNÉRAL.

Au quartier général, à Paris, le 1.er jour Complémentaire an 13 [18 Septembre 1805].

SERVICE DE L'ÉTAT-MAJOR GÉNÉRAL.

Du 1.er au 2.e jour Complémentaire.

Le Capitaine-Adjoint de service à l'État-major général...............	AUGIAS.
Officier de santé de service à l'État-major.......................	DANTREVILLE.
Secrétaire de service à l'État-major.............................	LECLERC.

Du 2.e au 3.e jour Complémentaire.

Le Capitaine-Adjoint de service à l'État-major général...............	GUIARDELLE.
Officier de santé de service à l'État-major.......................	POISSON.
Secrétaire de service à l'État-major.............................	GEORGE.

ORDRE GÉNÉRAL.

Les troupes de la 1.re Division militaire et du Gouvernement de Paris sont prévenus que, d'après l'ordre de sa Majesté l'Empereur et Roi, son Altesse Impériale Monseigneur le Prince Louis prendra le commandement de la 1.re Division militaire et le Gouvernement de Paris.

MM. les Généraux, Colonels, Majors, Commissaires ordonnateur et des guerres, Inspecteur et sous-Inspecteurs aux Revues, Adjoints à l'État-Major et Adjudans de Place, se trouveront aujourd'hui, à huit heures, chez le Chef de l'État-Major général, pour faire leur visite à son Altesse Impériale Monseigneur le Prince Louis.

Le Général de Brigade Chef de l'État-major général du Gouvernement de Paris et de la première Division militaire,

CÉSAR BERTHIER.

GOUVERNEMENT DE PARIS.
1.ʳᵉ DIVISION MILITAIRE.
ÉTAT-MAJOR GÉNÉRAL.

Au quartier général, à Paris, le 2.ᶜʳ jour Complémentaire an 13 [19 Septembre 1805].

SERVICE DE L'ÉTAT-MAJOR GÉNÉRAL.

Du 2.ᵉ au 3.ᵉ jour Complémentaire.

Le Capitaine-Adjoint de service à l'État-major général............... Guiardelle.
Officier de santé de service à l'État-major........................ Poisson.
Secrétaire de service à l'État-major.............................. George.

Du 3.ᵉ au 4.ᵉ jour Complémentaire.

Le Capitaine-Adjoint de service à l'État-major général............... Aucler.
Officier de santé de service à l'État-major........................ Dantreville.
Secrétaire de service à l'État-major.............................. Lamoureux.

ORDRE GÉNÉRAL.

A dater de demain, 3.ᵉ jour complémentaire, M. le Général *Broussier*, Commandant les troupes de la garnison, en prendra le commandement immédiat ; son premier Aide-de-camp fera les fonctions de Chef d'État-major.

    Les Corps de toute arme de la garnison, lui adresseront directement leurs rapports et leurs états de situation.

    Les ordres de l'État-major, relatifs aux divers Corps de la garnison, leur seront transmis par le général *Broussier*.

Signé Louis BONAPARTE.

Pour copie conforme :

Le Général de Brigade Chef de l'État-major général du Gouvernement de Paris et de la première Division militaire,

César BERTHIER.

GOUVERNEMENT DE PARIS.

1.re DIVISION MILITAIRE.

ÉTAT-MAJOR GÉNÉRAL.

Au quartier général, à Paris, le 3.e jour Complémentaire an 13 [20 Septembre 1805].

SERVICE DE L'ÉTAT-MAJOR GÉNÉRAL.

Du 3.e au 4.e jour Complémentaire.

Le Capitaine-Adjoint de service à l'État-major général.................. AUCLER.
Officier de santé de service à l'État-major........................... DANTREVILLE.
Secrétaire de service à l'État-major................................. LAMOUREUX.

Du 4.e au 5.e jour Complémentaire.

Le Capitaine-Adjoint de service à l'État-major général.................. FORGEOT.
Officier de santé de service à l'État-major........................... POISSON.
Secrétaire de service à l'État-major................................. BRUNEL.

Rien de nouveau.

Le Général de Brigade Chef de l'État-major général du Gouvernement de Paris et de la première Division militaire,

CÉSAR BERTHIER.

GOUVERNEMENT DE PARIS.
1.re DIVISION MILITAIRE.
ÉTAT-MAJOR GÉNÉRAL.

Au quartier général, à Paris, le 4.e jour Complémentaire an 13 [21 Septembre 1805].

SERVICE DE L'ÉTAT-MAJOR GÉNÉRAL.

Du 4.e au 5.e jour Complémentaire.

Le Capitaine-Adjoint de service à l'État-major général................	FORGEOT.
Officier de santé de service à l'État-major.........................	POISSON.
Secrétaire de service à l'État-major................................	BRUNEL.

Du 5.e jour Complémentaire au 1.er Vendémiaire an 14.

Le Capitaine-Adjoint de service à l'État-major général................	GALDEMAR.
Officier de santé de service à l'État-major.........................	DANTREVILLE.
Secrétaire de service à l'État-major................................	DUBOIS.

Rien de nouveau.

Le Général de Brigade Chef de l'État-major général du Gouvernement de Paris et de la première Division militaire,

CÉSAR BERTHIER.

GOUVERNEMENT DE PARIS.

1.re DIVISION MILITAIRE.

ÉTAT-MAJOR GÉNÉRAL.

Au quartier général, à Paris, le 5.e jour Complémentaire an 13 [22 Septembre 1805].

SERVICE DE L'ÉTAT-MAJOR GÉNÉRAL.

Du 5.e jour Complémentaire au 1.er Vendémiaire an 14.

Le Capitaine-Adjoint de service à l'État-major général................. DELON.
Officier de santé de service à l'État-major........................ DANTREVILLE.
Secrétaire de service à l'État-major............................. DUBOIS.

Du 1.er au 2 Vendémiaire an 14.

Le Capitaine-Adjoint de service à l'État-major général................. AUCLER.
Officier de santé de service à l'État-major........................ POISSON.
Secrétaire de service à l'État-major............................. CORBET.

Rien de nouveau.

Le Général de Brigade Chef de l'État-major général du Gouvernement de Paris et de la première Division militaire,

CÉSAR BERTHIER.

GOUVERNEMENT DE PARIS.
PLACE MILITAIRE.
ÉTAT-MAJOR GÉNÉRAL.

Ordre général à suivre, le 1.er jour Complémentaire an 13 [22 Septembre 1805].

SERVICE DE L'ÉTAT-MAJOR GÉNÉRAL.

Du 5.e jour Complémentaire au 1.er Vendémiaire an 14.

1.er Capitaine-Adjoint de service à l'Etat-major général	Dutertre.
Officier de santé de service à l'État-major général	Darthenaize.
Secrétaire de service à l'État-major	Dubois.

Du 1.er au 5 Vendémiaire an 14.

1.er Capitaine-Adjoint de service à l'Etat-major général	Audran.
Officier de santé de service à l'État-major	Poisson.
Secrétaire de service à l'État-major	Conner.

Rien de nouveau.

Le Général de Brigade, Chef de l'État-major général du Gouvernement de Paris et de la première Division militaire,

César BERTHIER.

www.ingramcontent.com/pod-product-compliance
Lightning Source LLC
Chambersburg PA
CBHW050549170426
43201CB00011B/1625